ちくま文庫

幕末維新のこと

幕末・明治論コレクション

司馬遼太郎
関川夏央 編

筑摩書房

目次

第一部

第二部

第三部

幕末維新のこと

第一部

あとがき（『竜馬がゆく　立志篇』）

坂本竜馬は維新史の奇蹟《きせき》、といわれる。

たしかに、そうであったろう。同時代に活躍したいわゆる英雄、豪傑どもは、その時代的制約によって、いくらかの類型にわけることができる。型やぶりといわれた長州の高杉晋作《しんさく》でさえ、それは性格であって、思想までは型破りではなかった。

竜馬だけが、型破りである。

この型は、幕末維新に生きた幾千人の志士たちのなかで、一人も類例をみない。日本史が坂本竜馬を持ったことは、それ自体が奇蹟であった。なぜなら、天がこの奇蹟的人物を恵まなかったならば、歴史はあるいは変っていたのではないか。

私は、年少のころからそういうことを考えていた。新聞記者のころ、すこしずつ資料をあつめはじめた。

「薩長《さっちょう》連合、大政奉還、あれァ、ぜんぶ竜馬一人がやったことさ」

と、勝海舟がいった。

むろん、歴史とはそんなものではない。竜馬ひとりでやれるはずがないのだが、竜馬がいなかったら、事態の模様はちがったものになっていたろう。

その竜馬のもっているどの部分が、それをやったのか。

また、一人の人間のもっている魅力が、歴史にどのように参加してゆくものか。

さらに、そういう竜馬の人間像が、どのようにしてできあがってゆき、まわりのひとはそれをどのようにみたか。

そういうことに興味をもった。

いつか、それを小説に書こうとおもいつつ歳月をすごした。

やっと書きはじめたのは、昭和三十七年の初夏からである。私自身、そこで十余年をすごした新聞にかきはじめたことは、偶然なことながら、一種の感慨がある。

私ごとき者の小説が、これほど読まれたことは、かつてない。いまなお、書いている。この物語が終了するには、あと二年余を要するであろう。

出不精な私にしては、竜馬像を足で確かめてみたいと思い、できるだけ歩いた。

多くのひとから、教示も得た。

この取材旅行中、私は、さまざまの幸運にめぐりあった。

竜馬が千葉家からもらった北辰《ほくしん》一刀流の免許皆伝の伝書一巻を見ることができたのも、そのひとつである。

この伝書は、明治以後、縁族のあいだを転々としていたが、ついに大正の末年、その最後の所有者が渡米したために彼地《かのち》に渡っていた。

この小説がはじまったころ、たまたまその所有者につながりのある婦人が帰日して、高知県庁をたずね、

「私どもには不要のものだから」

と、永久保管を託した。

県庁でべつな資料をみるために立ちよった私は、偶然それをみた。

奇縁におどろいた。

竜馬というひとは、年少のころから太平洋を越えてみたいと念願していた。その魂《こん》魄《ぱく》が、一巻の伝書に宿って海を渡ったのかとおもった。

いや、伝書などはいい。竜馬は、生きている。われわれの歴史のあるかぎり、竜馬は生きつづけるだろう。私はそれを感じている自分の気持を書く。冥利《みょうり》というべきである。

（『竜馬がゆく　立志篇』文藝春秋新社、一九六三年七月）

坂本龍馬と怒濤《どとう》の時代

維新史が坂本龍馬を持ったことは、それ自体が奇蹟《きせき》であった、というふうに高知県の史家平尾道雄さんもいっておられますが、江戸末期の封建社会に、西欧的な市民性をごく自然に持った人物が革命家としてあらわれたというのは、ふしぎといえばふしぎです。

龍馬のことを語れということですが、その前に、その背景というか、時代の流れといったものにふれておきたいと思います。

私は大阪に生まれたものですから、商品経済というものが大変ふしぎなものだと思っているのです。日本で商品経済が盛んになったのは、室町時代ぐらいからです。これは世界史と関係があり、南中国の沿岸地方で貿易が盛んになった——これを刺激したのは、例えばアラビア人だとか、その後に来るヨーロッパの人たちですけれども――そういう商品経済が非常に盛んになったエリアの中に、日本も入っていたのです。

不幸なことに朝鮮はこの中に入っていなかった。これは儒教主義の鎖国を続けていましたから、商人は卑《いや》しいということだったのです。その頃李朝《りちょう》が成立(一三九二年)するのですが、それ以来日本の敗戦(一九四五年)まで厳密な意味での独自の商品経済はなかったのではないか。ましてやあの悪《あ》しき日韓併合(一九一〇年)のときには、商品経済はなかった。日本の侵略は二重に悪いわけです。植民地にしたということと、商品経済を持ち込んで自給自足の社会をガサガサにしてしまったということです。商品経済というのは、いきなり入ってくると人心まで荒廃させるように思います。

日本の場合は室町時代ぐらいから徐々に商品経済が発展し、その一番大きな担《にな》い手というか、そういう意味での政治家は織田信長です。これは中世の特権的な商権を廃止し、新規商人にも営業させる楽市・楽座の自由経済にしたわけですから。江戸時代にはこれがさらに発展した。

商品経済というものが、資本主義の発展の過程で果たす役割の一つは、物を見ることが正確になることです。この品物は重いとか軽いとか、自分の注文したのとは色彩がちょっと違うとか、あるいは値段の上下など、こういう認識は一般に自給自足時代にはなかったといえるでしょう。もう一つの役割は、非常に前近代的な言い方での個人の自由みたいなものや、やはり前近代的な意味での一種の合理主義が成立するということです。これが、坂本龍馬の成立ちと関係があるとおもいます。

商品経済は幕末までには相当発達したとはいうものの、無論まだらにしか存在していなかった。自給自足的な体制、これは幕藩体制の望んでいるよき農村の姿です。お百姓は自分でわらじをつくってよそから草履を買うな、自分で菅笠《すげがさ》をつくれ、商品経済に巻き込まれるなということですから、まだらに存在したのです。江戸期的商品経済が確立していた代表的な所は、大坂、江戸、それから各地の城下町あるいは倉敷や九州の日田《ひた》のような大きな幕府直轄《ちょっかつ》領《りょう》の治所ですが、坂本龍馬の家の本家は、才谷《さいたに》屋《や》という土佐藩の商家なのです。

土佐に、本町筋という筋が城からさほど遠くない所にあって、その裏側の筋を水道町筋といいます。この本町筋表が郷士《ごうし》坂本家で、水道町の裏口に店を持つのが才谷屋だったのです。何代か前に才谷屋が非常に財を成して郷士株を買い、表通りを坂本姓の郷士にし、裏通りでは依然として才谷屋を続けていったという形でした。こういう士商が一つという家はきわめてまれだと思います。

江戸時代の身分上昇にはいろいろな方法がありましたが、富商の場合はお金で名字《みょうじ》帯刀《たいとう》の資格を買う。あるいは江戸ですと御家人《ごけにん》の株を買ったり、ひどい場合には何百石という堂々たる旗本の株を買ったりしますが（勝海舟の家などがそうですが）、坂本龍馬の家も似たようなことをやって郷士になった。

この郷士というのは、各藩とも言葉は共通でも、内容はそれぞれ違っていて、土佐藩の郷士は足軽よりちょっと上なのです。決して高等官にはなれなくて、役目についても判任官でしかないのです。坂本家の場合は福岡という家老の支配下に入っていた。だからといって別に命令をきくわけではなくて、年に何回かご挨拶《あいさつ》に行けばいいという程度の、非常に気楽な拘束性のない侍の身分だったのです。

家風は才谷屋的な要素の方が強かったのではないでしょうか。例えば乙女《おとめ》姉さん（龍馬より三歳年長の三番目の姉で、十一歳で母親と死別した龍馬を育て上げた人。「坂本のお仁王様」といわれた女丈夫）は三味線の名人だったらしいのです。非常に諸芸に堪能《たんのう》な人で、馬術も薙刀《なぎなた》も上手だけれど三味線も弾けた。この三味線が弾けたというところは、坂本家を理解する上でちょっとおもしろく、ひっかかっていいところだと思うのです。当時全国的に、武家では三味線を持ち込んではいけなかったんです。ところが商家のにおいの強い坂本家では、お嬢さんが三味線が上手だった。龍馬も上手だった。龍馬は、退屈すると三味線を弾いていたといいますから。

当時、三味線というのは、侍のにおいよりも町人のにおいがする音曲であって、侍は謡曲をやり町人は三味線を弾くときまっていた。ですから、龍馬の精神はやはり町人のそれだったのではないかと思います。後に土佐山内家というものから、彼は不羈《ふき》な存在だったといわれたのも、はじめから彼は土佐藩とか山内家何するものぞと思っていたところがある。生い立ちがそういう気風だったからでしょう。

この才谷屋というのは、何をしていたかよくわからないのです。多分に質屋のようなことをやっておりながら、他の商品を手がけていた感じもあるのですが、何にしても、商品というものは諸国から来てまた諸国へ行くということを龍馬は知っていた。物というのは必要な場所に、いろんな障害を突破して行くものだということを、龍馬は眺めて知っていたわけです。

当時の江戸の武家の教養、モラルの基《もと》は朱子学ですが、これは変な学問なのです。江戸の中期、荻生徂徠《おぎゆうそらい》（一六六六〜一七二八年）が朱子学に飽き飽きして、認識を重んずる古文辞学（または古学ともいう）を大成した。これは典拠を正していく学問姿勢で、一種の人文科学になっているのです。それにひきかえ朱子学は人文科学ではなく、あくまでも道であって、こうあるべきだと説く。もちろん儒教はあくまでも道で、荻生徂徠といえども道なのですが、程度のちがいがあります。朱子学の道はまた別な要素、尊王攘夷《じょうい》がやかましくいわれる。あるいは尊王賤覇ともいうのです。

この尊王攘夷の夷はあくまでも異民族という意味で、これは中国で起こった宋学《そう》の家庭の事情によるものです。当時北中国は金《きん》という異民族に征服されており、漢民族の王室は揚子江《ようすこう》以南に引き下がった時代で、そこに宋学が成立する。そのときの漢民族の学者たちは異民族を呪《のろ》い、漢民族こそが正しいといい、王というものには系統があるのだとか、曖昧《あいまい》な王は排除すべきだとかいった。これは正閏論《せいじゅん》で、宋にとっては空論でなくても、他の国の風土にとっては一種の空論にすぎない。しかし大文明国の中国から来た思想ですから、江戸初期には、朱子学は空論だとは思われない。そこで家康が採用するわけですが、それは林大学頭《だいがくのかみ》が朱子学だったという何でもない理由からです。家康は朱子学について何も知らないわけで、大学頭が学問ができるというのと、大学頭から話を聞いていると、中国の諸学派の中でも朱子学というのは現状維持派の学問である、この点に家康は非常に安心した。徳川幕藩体制というのはあくまでも現状維持、世の中がいかに変わろうと徳川家は変わらないという変な体制ですから、朱子学は武家の家のかまどの灰にまで染《し》み込んでいるような雰囲気があったわけです。

そういう一種の観念論を、龍馬は受けつけなかった。そして朱子学のことを当時は学問——明治後べつな内容をもった言葉として使われるのでややこしいのですが——といった。つまり学問というのは多分にモラル学のことなのです。あるいは道学的なものであったのです。たとえば龍馬の土佐の古い友だちに平井収二郎というのがいて、その人にお加尾《かお》さんという妹がいた。このお加尾さんは京都の三条家に仕えていたのですが、大変美人であり、また才気もあった。この女性に龍馬がラブレターを出したことがあった。お加尾さんが兄収二郎に相談すると、「学問がないきに」気をつけろといっている。これは非常に名誉なことで、観念論哲学、道学を身につけてないということなのです。

私が『竜馬がゆく』を書こうと思ったときに、一番龍馬に感動した点は、ここだったので、これが芯《しん》になっています。もちろん龍馬がいま生きていれば、文壇でも相当な作家になっていたでしょうし、論壇にいても相当な文章を書いたでしょうから、「学問がない」というのは、彼がインテリではなかったという意味ではないのです。ところがこれをよく誤解して怒ってくる人があるのです。龍馬は立派な人で学問はあったし、あれだけ立派な字を書くのですからと。それは江戸時代の学問というものの本質と、それの持っている意味をご存じないからお叱《しか》りになるのでしょうけれど、本当は、一般的な意味での「学問がない」ということとは違うのです。

龍馬が立派な字を書くということを承《う》けていいますと、彼の字も規矩準縄《きくじゅんじょう》というか、定規に合わないのです。習字がうまいということは真似《まね》がうまいということでもありますから、真似のできない性質の人間、真似をする訓練を受けてない人間は、自由な字を書かざるを得ない。変なたとえで恐縮ですが秀吉という人は訓練を受けてないので自由な字を書いたのでしょうが、この秀吉の字に一番似ているのが龍馬の字だと思います。龍馬の字は幕末史の中で一番芸術的です。しかし習字のお手本にはならない。

こういう人間が革命に参加したわけです。当時、土佐藩には大した文化があったわけではないのです。徳川初期（一六〇一年）に山内家が入り込んで二十四万石の大名になった。このときに地元採用をすればいいのに、土佐には長曾我部《ちょうそかべ》の残党がいっぱいいるということで恐れて、関ヶ原浪人をたくさん上方《かみがた》あたりで採用して、二十四万石の人数をごっそり土佐へ連れてきた。つまり進駐軍です。これが幕末に革命家が出てくる重要なモメントになると思うのです。

これで地元の人間は、全部身分が下になってしまった。先にふれた郷士なども、長曾我部の遺臣の中で、遺臣といっても実際は百姓ですが、何町歩か開墾した者には郷士の身分を与えるとか、そういう風通しの穴は後になって藩が多少つくっていくのですが、その郷士も山内侍が向こうからやって来ると、履物を脱いで、たとえぬかるみの日でもひざをつかなければいけない。平伏しなくてもいいのだが、片ひざでも両ひざでもつかなければならず、土佐人にとって大変な屈辱だったようです。

そしてまた江戸時代には男でも日傘をさしたらしいのですが、これがさせないとか、いろいろと身分上のいやがらせ、差別があった。結局それが圧縮熱になっていくわけです。圧縮熱というのは、ディーゼル・エンジンのシリンダーの中で、ピストンがぐうっと空気を押しつめていくと、空気そのものが熱を持ち爆発する。それを土佐藩に当てはめると土佐人は圧縮熱を帯びたわけです。

徳川幕藩体制になって、いろいろ戦国大名の国替えがあったり新しい大名ができたりする。山内家も掛川《かけがわ》の五、六万石だったものが、土佐二十四万石をもらったわけです。また、細川家は熊本へ行った（一六三二年）。熊本というところは日本の中でもなかなか難しいところなのです。ほとんどの思想のサンプルは、明治以前も明治以後も熊本から出ている感じで、きわめて思想的な風土であり、それが一人一党でなかなかうるさい。土佐のいごっそうという言葉がありますが、そんなものじゃない。熊本のもっこすというのは、もっと個人的なものです。しかも一個の人間が一つの砦《とりで》を持っているような感じです。その熊本人が細川さんを受け入れたのは、細川さんは京都文化をもっていたからで、これはおれたちにはかなわないということです。この文化的優越性というのは、割合進駐軍の場合大事なのです。非常に低い文化しか持っていない進駐軍が来た場合、熊本人は反乱を起こしていただろうと思うのです。それが土佐の山内家の場合、自分たち土佐の人間とあまり変わらないのが来たじゃないか、ただ威張っているだけじゃないかというので、権力の仕組みというのがくっきりするのです。非常に高い京都文化を持っているから頭を下げるというのなら、頭を下げる口実になる。ところが土佐の場合、その口実がないわけです。ですから、なぜこういう仕組みになるのかと、どんな人でも、何も知らされないお百姓さんでも考える。

で、土佐には天保庄屋同盟《てんぽうしょうや》というのがあった。これは天保年間に庄屋たちが秘密の申し合わせをして、山内侍が乱暴しに来た場合に追い帰したりした。庄屋というのは地生《じばえ》の土佐人ですから、こっそり秘密同盟を結んで、地面から三尺ぐらい上は殿様のものでいいが、地面から三尺の下は公《おおやけ》のものであるといっている。当時ですから人民のものであるとかパブリックのものであるという言葉がないので、天朝のものであるという言葉を使っています。しかし、それは明治以後のいわゆる天朝崇拝の天朝ではないわけです。太古――という漠然とした大むかし――からみんなが共有してきたものだという想念から出ています。だから藩というのはたかがそれだけのものだという認識を、すでに天保時代に農民の代表である庄屋たちが持っていたということは、幕末の土佐勤王党を生む要因になっていると思います。

この勤王党の勤王も明治以後に喧伝《けんでん》された内容ではなくて、反発党といったものです。それも具体的には藩に対する反発であって、藩を越えて普遍的なものがあるじゃないかというためのエネルギーです。藩の中で圧縮熱を帯びさせられている状態で、シリンダーのピストンをはね返すためには、もっと普遍的なものを考えざるを得ない。残念ながらルソーの思想は入っていない。ルソーの思想が入るのは、明治七年（一八七四年）に中江兆民《ちょうみん》が東京で塾を開いてからです。ですから、そういう世界の大思想が入っていないのです。これが良かれ悪しかれ、日本の明治維新が負った運命なのです。どこの国の革命でも世界の大思想とかかわりがあってできるのに、明治維新は手持ちの朱子学しかなかったというのがいわば欠陥であり、特徴というべきものでしょう。先ほどふれた尊王攘夷しかなかったのです。

ですから結局、土佐勤王党という名前になるのですが、百何人集まった。その中に坂本龍馬も入ったわけですが、龍馬にとって何となく違和感があったのでしょう。この党主が武市《たけち》半平太という五台山の麓《ふもと》の郷士で、郷士の中でも白札《しろふだ》というほんのちょっと格が上の男です。この武市半平太が、龍馬はいい男だけれども「土佐にあだたぬ男」だ、アダタヌとは土佐に合わぬ男という意味の方言でしょうか。

ですから、龍馬には相当みんな閉口したのではないかと思います。

先ほどもいいましたように、だいたい土佐人は山内家が自分たちより高い文化を持って来なかったので、日本中どこにでもあるあたり前の文化、つまり習慣ですが、お正月にはお節《せち》料理を食べるとか、人が亡《な》くなるとお葬式をして初七日をする、そういったことをきちんとやらない。一般の人たちはそういうごくざっとした生活をしていたようです。当時の江戸でも京都でも古い文化が沈澱《ちんでん》して、それが一つの日常の規範になっていき、同時にそれが暮らしを美しくしたり、人間を美しく見せたりすることにもなっていた。この暮らしの文化というのは非常に大事なものなんですが、土佐は僻地《へきち》だったものですから、そういうものは薄くしか伝わっていなかった。また山内家が持ち込むべきものを持ち込んでいなかった。

ですから土佐人は日常の規範についても割合に自由だったのでしょう。その自由な土佐人の中でも反発党の方は、もっと自由を欲するひとびとでした。そしてその中でも龍馬は「あだたぬ男」だったのですから、ちょっと想像できぬくらいの人です。

ところで明治維新は結局、まとめとしては雄藩がやったものだといわざるをえないかもしれません。初動期には、草莽《そうもう》に近い存在としての思想家がいたわけです。次には草莽の志士というのが出てくる。それらの運動を吸い上げていくのが雄藩です。雄藩では薩長《さっちょう》が代表で、三百諸侯がいろんな意見を持っている。あるいは越前《えちぜん》福井藩というのも大きく、開明的な藩でいろんな発言をする。要するに雄藩というものが、経済力と武力と身分的発言力を背景にして、世の中を動かしてゆくわけです。これはどうしようもない。

そういう藩パワーというものしかあり得ないものなのか。たまたま、いまここに龍馬がいてたばこを喫《す》っているとしたら、「うん、そうなんだ。だからおれは自分で、手づくりで〝藩〟をつくったんだ」と言うでしょう。それが海援隊だったわけです。つまりこれを背景に、彼は発言権を持ったのです。本当にふしぎな人間でした。たとえば薩長連合というものは、秘密攻守同盟です。薩摩と長州の仲の悪さは、いろいろな因縁があり、体質の違いのために信じ難いほどの仲の悪さだった。その仲の悪い薩長の連合の存在を、鳥羽《とば》・伏見の戦のちょっと前まで、幕府は知らなかった。この二藩の手を握らせ連合をさせたのは、よく知られているように、坂本龍馬だったのです。これはたれにでも考えられることです。薩摩と長州が手を握れば幕府を倒すことができるということはたれでも思いつくことなのです。ところがなかなかそれができない。いい仲介者がいなければできることではなかった。この仲介の役を果たし得たのは龍馬の魅力だろうと思うのです。つまり言い出しっぺの魅力というものでしょう。言い出しっぺというのは元来、演説しても、論文を書いてもだめなのです。非常にあいつには信用と魅力がある、あいつの言うことなら聞いてやろうということで、木戸孝允《たかよし》が薩摩藩士に化けて、わざわざ下関から船を出して京都へ出かけた。いまの同志社大学のあたりに薩摩屋敷の一つがあったのですが、そこで西郷隆盛と話をするわけです。

そのとき西郷は木戸に対し大変丁寧で、大変よく持てなすのですが、薩長連合の話はしない。あらかじめ坂本龍馬が言っていた内容については、西郷の方からは切り出さない。これは外交です。先に口にした方が、何か弱点があるのだろうと思われる。薩摩の方は、何か長州の手を借りなければならないと思われたくないので言わない。木戸の方も長州藩を代表している以上何も言わない。長州は四ヵ国艦隊に砲撃され、幕府から幕長戦争を仕掛けられ、あのままでいっているとたしかに藩は滅びていますが、万が一つの偶然で生き残って革命の果実を手にすることができたのです。その滅亡にひんした藩の、踏まれたりけられたりの状態の頃の代表者が木戸孝允ですから、木戸孝允の側から口を開くことは屈辱もいいところでした。要するに哀れみを乞《こ》うということになるので、木戸は西郷に腹を立てて何日かのちに帰ろうとする。そのとき坂本龍馬が宿屋の下駄のようなものをつっ掛けて木戸孝允を追っかけて行き、「ちょっと待ってくれ、ここはおれに任してくれ」と言って引き留めた。坂本はひとりで西郷に会いに行き、「長州はかわいそうじゃないか」。薩長連合で坂本が発言したのは、このひと言だけです。龍馬は長く、理路整然と話のできるタイプではありません。それを聞いた西郷は頓悟《とんご》したように、「申し訳なかった。もう一度桂《かつら》さんを連れて来てください」と言って木戸孝允に会うわけです。

そうすると、薩長連合を成立させたのは、言い出しっぺの魅力だということになるでしょう。どうもものごとをつくるのは、結局は、つくる人の魅力なんだということになるのではないかと思って、ものをつくっていく場合の魅力とは何だろうということを考えたのが、『竜馬がゆく』という小説のたった一つのテーマでした。別に龍馬の伝記を書こうと思ったわけでもなく、「長州がかわいそうじゃないか」という言葉の背景に、龍馬の人柄と半生を書こうと思っただけのことでした。

ところがもっと考えてみますと、龍馬は藩に相当する海援隊を持っていた。この海援隊は五、六万石の力があるだろう、といわれていたぐらいです。実際はそんなに力はないので、多分に龍馬のホラが入っています。しかし、何といっても西洋式の機帆船を持ち、しかも浪人結社を長崎に持っているのですから、力といえば力なのですが、小藩ぐらいの軍事力はあるだろうと思われていた。

そういうものを背景にしてしか、発言というものは力を発揮しないものだ、そうでなければ評論になるということを、龍馬は知っていたようです。これは坂本龍馬の革命家としてのおもしろさです。幕末の頃にはいろいろなおもしろい革命家が出ましたが、あの時期に、この点に気がついたのは、龍馬ぐらいのものだったのではないでしょうか。

龍馬はアメリカへもフランスへも行ったことはないのですが、何か一つポンと言われると全体像がわかる頭を持っていた。それはいつでも問題意識があったからだと思うのですが、例えば、『竜馬がゆく』にも書きましたが、河田小龍《かわだしょうりょう》という、絵も描きオランダ語も少しできる人が、洋学的には遅れた土佐藩にいた。この人も郷士身分だったと思います。その人が塾のようなものを開いていて、物好きな若い藩士がそこへ押しかけていっていた。彼はオランダの憲法の講義をしたのではないだろうか。ご存じのように、オランダはすでに当時市民社会が成立していて、ある意味では世界で一番先進的な社会を持っていた国ですから、その憲法の講義というのは、土佐の青年たちにとっては新しい世界像を考える上で、割合おもしろい教材だっただろうと思うのです。ところが「先生、いまの御解釈は誤訳でしょう」とオランダ語の一つも知らない龍馬が言うのです。河田小龍は、この不出来なやつが何を言うかと、不愉快がった。しかし龍馬は「もう一度原文をよくみてください」と言う。そうすると、なるほど誤訳だったのです。

というのは、要するに憲法、民主主義の本質を龍馬なりに知っていたのです。ところがその本質とは違う訳がでてきたので、そんなことがあるはずはないという気持です。語学的に変だというのではなくて、本質論で違うと思ったのでしょう。龍馬には諸事そういうところがあった。つまり本質だけをのみ込むのは得手だが、枝葉のことは苦手なところがあった。だから発言というのはパワーを必要とすると思うと、海援隊をつくる。

この海援隊というのは、出版事業もやっているのです。私も一冊、海援隊から出た〝海援隊版〟という本を持っていますが、この出版事業のほかにもあらゆる事業をやっていた。主としては海運事業ですけれど、もし外国が攻めて来たときには、義勇海軍というのか、私設海軍になってたたかう。しかし平時には貿易をやる。その貿易も、できれば外国貿易をやりたいのだが、すでに安政仮条約が結ばれている（安政五か国条約、一八五八年、アメリカ、オランダ、ロシア、イギリス、フランスと江戸幕府は通商条約を結んだ）とはいえ、それは幕府が結んだものであって、藩を含めて他は貿易をしてはいけないのです。ですから依然として鎖国令は生きており、勝手にはできないので、とりあえず国内貿易をやりたいと龍馬は考えた。たとえば綿なら綿の相場が、江戸、大坂、下関、長崎でそれぞれ違うので、それを眺めていると九州からいま出荷すればいいという時期がわかる。それで儲《もう》かると思った。その資金でいよいよ海援隊をクローズアップもしていこうと考えていた。

もう一つおもしろいのは、海援隊を株式会社にしたことです。これは無論いまの株式会社法による株式会社ではないのですが、アメリカにはこんなおもしろいやり方があると、勝海舟にきいたのでしょう。それなら自分のような文無しでもできるのではないかと考えた。

海援隊は最初は亀山《かめやま》社中といったのです。亀山というのは、長崎の町の丘の一つの名で、その当時から墓地が多く、小さな住宅地でもありました。その中の一軒を、私はいまから十六、七年ぐらい前に初めて訪ねたことがあるのです。細い坂を登って行くと、これが亀山社中のあった場所だと思う家は、ちょうどとりこわしつつあったところでした。写真機を持って行っていなかったので、惜しいことをしたと思いました。大工さんが入っているので、「改築ですか」ときくと、「いやもうとりこわすんです」と言っていました。小さな平屋建ての家でした。

この亀山社中時代から〝株主〟というのは、薩摩と長州と越前福井藩などの藩ばかりではなくて、小曾根という長崎の貿易商、下関の伊藤という貿易商なども株主になっています。この貿易商たちは大名よりずっと賢いですから、商法についての知識、海外情報も提供しているのです。こういう知識や情報で海援隊は成立しているのです。福井藩は五千両ぐらい出してくれたのではないでしょうか。勝海舟の紹介状を持って、すでに隠居になっていた松平春嶽《しゅんがく》に会った。浪人が大名に会うなどというのは、もうすでにこの一事でも江戸的規範が相当だめになっているという証拠ですが、松平春嶽が金を出してくれた。薩摩は現物、船を出してくれるとか、長州も何かを出してくれるとか、仲の悪い薩長も亀山社中では一つの株主だったのです。薩長連合ができる基《もと》が、このあたりにあったわけです。

ところが肝心の土佐藩は入っていない。坂本龍馬は国事犯、土佐脱藩――脱藩というだけで当時は死罪だった――の浪士です。それに社中のものにも脱藩が多い。そして脱藩浪人といっても、まんじゅう屋とか侍身分でない人間が多い。一番才能があったのは饅頭屋《まんじゅうや》長次郎という、例の水道町筋でまんじゅう屋をやっていた青年ですが、この人はトラブルがあって切腹してしまいました。それから生意気の塊みたいな青年が、陸奥宗光《むつむねみつ》だったのです。この青年は紀州藩脱藩です。このように国事犯の集まりなので土佐藩の援助は乞えないこともありましたが、情勢でだんだん土佐藩も海援隊を無視できなくなった。

土佐藩は、鳥羽・伏見の戦のぎりぎりのところまで、ほんとうは佐幕だったのです。山内容堂という大変な詩人の大名がいて、おもしろい人ですが、いろいろな制約があって公武合体派という佐幕だったわけです。佐幕といっても徳川様々の塊という意味ではなくて、公武合体派、つまり幕府も含めて新しい時代をつくればいいではないかということです。一つ例をいいますと、鳥羽・伏見の戦が明治維新の最初ののろしといっていいのですが、鉄砲の音が聞こえているときに板垣退助は勝手に、第二日目から自分の配下の兵隊を戦線に参加させるのです。それを処罰しろ、しろといっていた人が土佐の京都藩邸には大勢いたのです。

だから藩論としては佐幕なのだが、長崎における亀山社中の評判をきいて、何とか土佐藩もそれに入りたいという気分が出てきた。龍馬の方もうまくいかないのです。船は沈むし、貿易、貿易といっていても、結局は素人《しろうと》の集まりですから、うまくいかない。そこで土佐藩から定期的に金が入るのなら、こんないいことはないと妥協するのです。そして、土佐藩が入ったときに海援隊と名前が変わる。株式会社の名前にしては兵隊のような名前ですが、当時は非常に武張った時代だったので、こういう名前の方がいいからつけたのでしょう。

土佐藩から資本が入ったときに、龍馬の秘書役だった陸奥宗光が「坂本さんも堕落した」と龍馬をからかって批判します。そのために定款《ていかん》（それまでも結社の定款みたいなものはあったでしょうが、いまの定款の思想に近いものの最初ではないでしょうか）は、「これはあくまでも天下の浪人の結社である」といっています。天下という言葉は使っていませんが、いかにも自負心の強い言葉で、脱藩浪人の集まりであるといっています。しかしながら、暗に土佐藩に属すと書いてある。この微妙な表現が、龍馬の文章なのか、しゃべったことをきっちり整えて誰かが書いたのか、海援隊の定款というのはいい文章です。当時は定款という言葉を使わないで、約定《やくじょう》といっていた。

いまでも銀行などが会社に資本を出すと、資本に乗っかって銀行側の代表が会社へ重役として入り込んで来るように、金を出す土佐藩から海援隊に来たのが岩崎弥太郎《やたろう》だった。岩崎弥太郎も身分の低い郷士上がりだったのですが、その頃には藩の中枢部《ちゅうすうぶ》で低い身分ながら際立《きわだ》った仕事をしていた。そこで海援隊会計係として行け、ということになったらしいのです。その頃はもう、海援隊は亀山から長崎の市街地へ出ていました。

何といっても海援隊は乱暴な壮士の集まりですから、会計係というのはいじめられます。いまから飲みに行くから金を出せというと、岩崎がしぶる。そうすると岩崎をみんなでいじめる。龍馬自身も岩崎をずいぶんいびっているのです。こんな風にみんなから総すかんを食っているようで、岩崎の方も海援隊に来たことを嬉《うれ》しい思いで受けとっていなかっただろうと思います。

だけど、いつの時代でも算用とか、勘定とか、経理的経営感覚というものを持った人は、少ない。ですからそういう人は珍重されます。それで、土佐藩でも岩崎のそういう能力はだいぶ分認められていて、海援隊は大変な会計係を持ったものだと思うのですが、どうも龍馬はあまり評価したことがないようです。自分を評価してくれない人など、誰も好みませんから、その点では、岩崎も龍馬が好きではなかっただろうと思います。しかしすごさということになると、後でわかるように岩崎の方がすごい。

話が違いますが、龍馬らが持っていた船に「いろは丸」というのがあります。これは伊予大洲《おおず》藩を海援隊の一種の株主に引き込み、この小藩が持っていた木造の機帆船

「いろは丸」を借りて内海貿易をやろうと、龍馬が航行を始めた。ところが瀬戸内海の讃岐《さぬき》沖で紀州藩の大きな汽船とぶつかって沈むわけです。そのときは幸い人命事故はなくて、全員が大きな船の方へよじ登り、龍馬はまず航海日誌を押えた。そこには船長も当直士官もいなかった。これは決定的な、紀州側のミスです。押えた航海日誌を懐《ふところ》に、龍馬は長崎で海事裁判をやったわけです。

この海事裁判は、日本の海事裁判の最初のものですが、その頃は裁判所がありませんので西洋船の船長さんを何人か集め、彼らは万国公法や海事法も知っているからいろいろ聴いてもらうという形にして、龍馬は紀州藩を相手に、一種の近代以前の裁判戦をやり始めた。この裁判戦というような形は、徳川の方にはないのです。龍馬は浪人ですから、身分は町人、百姓と同じ民間人で、侍として認められないのです。そういう浪人の集まりが、御三家の一つの紀州藩を相手にして裁判を起こし、西洋人を引き込んでワアワア騒ぐ。紀州藩の方も、もう時代が時代ですから仕様がなくてその裁判に出て行かざるを得ない。

結局、紀州藩が負けて賠償金八万三千両を、龍馬にとられたわけです。しかし、払うという約束ができたときに、龍馬が死んでいるのです。その金をもらったのは、岩崎弥太郎です。龍馬が死んだときはもう徳川幕藩体制の瓦解《がかい》のときで、土佐藩は借金まみれになっていました。そういうときに土佐藩の財産、とくに海援隊の財産と大坂藩邸、つまり大坂の蔵屋敷とをおれにくれるならば、自分が土佐藩の借金を全部皆済してあげるという約束が、土佐藩の家老の後藤象二郎《しょうじろう》と岩崎弥太郎の間でできてしまった。

土佐藩の大坂藩邸跡は、いまは大阪市西区西長堀の十一階建の公団のアパートになっています。この大坂藩邸と海援隊の財産、この中には紀州藩から取り立てるべき八万三千両があるわけですが、これが三菱のスタートの財産だったのです。

私が坂本龍馬を書こうと思った頃、その西区西長堀のアパートの、十階に住んでいました。いろいろ調べながらよく考えてみると、自分が住んでいるここではないか、と驚いたのです。アパートの前に、鰹座橋《かつおざばし》という橋がかかっていて、その前の停留所は白髪橋《しらがばし》というのです。鰹は土佐の鰹ですし、白髪は、土佐に大きな檜《ひのき》や杉を出す白《しら》髪山《がやま》というのがあるので、そこの地名を取ったのだろうと思います。そのあたりは土佐藩の大坂における一種の租界地で、鰹問屋だとか、土佐の物産の紙問屋だとかがいっぱい並んでいる所で、同時に土佐藩の蔵屋敷があり、その雰囲気は大正時代ぐらいまであったそうです。私は、ああ、ここが岩崎弥太郎の発祥の地かと思いながら当時暮らしていたのです。

どこの藩邸にも屋敷神を祭った社《やしろ》があります。例えば江戸の細川さんの屋敷は清正《せいしょう》公《こう》、加藤清正を祭っていて、いまはお宮さんだけが独立している。久留米《くるめ》藩の有馬さん、小説家の有馬頼義《よりちか》さんの家ですが、ここは水天宮が屋敷神で、東京にある水天宮はその名残です。この西区西長堀にも土佐藩邸跡に隣接して、「土佐の稲荷《いなり》」と通称されているお稲荷さんがあった。そこは桜がいっぱいあって、桜の季節になると江戸時代から藩邸を開放して、町人に花見をさせていたし、明治以後は夜桜の名所になった所です。この「土佐の稲荷」も含めて、当然岩崎家のものになった。

で、このお稲荷さんに行ってみると、神主さんが出て来られたのですが、やはり三菱を定年退職した方でした。「ここはやっぱり岩崎さんですか」と言うと、「そうです。そのままお稲荷さんが祭ってあり、私は定年退職ですが神主のまねごとをやっているんです」ということでした。

岩崎の会社のマークは三菱です。岩崎家の紋は三階笠《さんがいがさ》だったと思いますが、土佐藩の三つ柏《がしわ》を単純化すると三菱のマークになるのです。つまり土佐藩の財産を相続したものですから、土佐藩の紋章を何らかの形で残したのか、と思ったりします。

いずれにしても、龍馬の死とともに海援隊は解散同然になってしまう。

大政奉還を龍馬が工作するのですが、彼が最初に薩長《さっちょう》秘密同盟を結ばせたのは、ひょっとすると彼にとって革命というのは片手間だったのではないかという気持が、私にはあるのです。というのは長崎にいて、彼は発言にはパワーを持たせなければいけないと言ったものの、それも非常に複合したものであって、世界を相手に商売したかったわけです。それが、狭い日本というものを維持していく唯一《ゆいいつ》の方向だと思ったのでしょう。ですから船というものは、領土の代わりになるものだということを聞いて喜んでいる話がどこかにあったと思います。つまり、商売をしていけば日本だって食べていけるんだということも目的の一つだった。

ところが、それがなかなかうまくいかない。というのは統一国家ができないと、貿易ができない。三百諸侯に分かれていたのでは貿易はできない。だから早く統一しろ、早く統一しろと言う。その最初が長崎から出かけて行って、下関で桂を船に乗せ、京都で西郷と話をする。しかし、また長崎へ帰る。そうこうしているうちにいよいよ西洋人の商人が来る。上海《シャンハイ》の商況は変化する。それなのに倒幕勢力はまだもたもたしている。何をしているのか、と、また京都へ出て行って大政奉還になる。

瀬戸内海を船で、大坂に寄りながら京都へ行き、浪人である龍馬は表立った動きができないので、土佐藩の家老である後藤象二郎を動かした。土佐藩に対しては、やはり懐《なつ》かしくもあり、憎くもあり、悔しくもあり、恨めしくもありという感情がありますから、そのときはじめて、土佐藩にも点数をかせがさなければいけない、薩長ばかりではかわいそうだという意味のことを言っています。故郷への愛情がちょっと出て来たのでしょう。

そして、後藤象二郎を動かして大政奉還をやらせた。これについてはいろいろな評価ができますが、徳川慶喜《よしのぶ》は三百年の政権を座敷の上で投げ出したのですから、やはり偉いというか非常のことだったといえます。そのとき龍馬は二条城の結果いかに、とと待っていて、将軍は投げ出したと使いが知らせると、転げ回って将軍に感動しているのです。「大樹公《たいじゆこう》（将軍のこと）よくなさった」と彼は言い続けたといいますが、一つは自分のアイディアが当たったからでもありますが、まさかと思ったのでしょう。

しかし、非常にいいチャンスにやって来て、いいプッシュをするというのは、彼が機略に通じていたということもありますけれども、要するに京都に居っきりでいるわけでなく、ほとんど長崎に居るので、彼の視点というか視座はあくまで長崎を中心とした世界貿易にあったのです。それには日本の国内などは早く統一してくれればいいのだということにすぎなかった――ことさらに意味をつよめていいますと――そうなると思います。

大政奉還が成立したときは、薩長はやはり武力革命を考えていましたから、西郷にとっては非常に肩すかしをくらったことになった。しかしこの新段階には対応しなければならないので、とりあえずは新政府のメンバーを、各藩の秀才や功労者の中から出させなければならない。そこで、龍馬に、「坂本さん、あんたが土佐藩のメンバーを出してくれ」と言った。つまり大政奉還とともに土佐藩のエスタブリッシュメントはかすんで、浪人の坂本龍馬が土佐藩の運命を担《にな》うようなことになる。

そのとき彼は誰と相談したのか、メンバーを書き出して持って行く。西郷がそれを見ていて、「これは結構ですが、あなたの名前が入っていませんね」と言ったら、坂本龍馬は柱に寄りかかって、「入っていません、私は役人などになる気はありませんよ」と言ったそうです。西郷といえども男子の功名というものはどういうものかを、古典的に知っている人ですから、結局、自分自身を顧みてはぐらかされたように思ったでしょう。こういう龍馬のようなことを言った人にはそれ以後も、おそらく彼は会ったことはないと思います。

「では、あなたは何をなさるつもりですか」と西郷がきくと、「世界の海援隊でもやりましょうわい」と言ったそうです。ですから、龍馬にとっては貿易しかなく、日本の統一もこれで終わった、過去のことだということで、そこで大臣、宰相になるような気持はなくて、商人として世界を相手に仕事がしてみたかったということしかなかった。普通、人間というのは事が成るとそのあたりでじぐざぐするものですが、その点、非常にすっきりしている。

すっきりしているということは、この時期、彼の腰が海援隊においてすわったということでしょう。同時に彼の世界の見方は商品経済的な見方であったということであり、革命は他の適当な人がやればいい、例えば西郷がやればいいので自分が加わることはないし、その果実を自分が食べることもないのだということがあったということになりましょう。非常に煮詰めていうと無私な人であったというようにも思います。無私な人で仕事が好きだという人には自然魅力が出てくるのではないでしょうか。

結局、龍馬が言い出しっぺの魅力で、薩長同盟を成功させたといいましたが、その魅力がいくつか考えられるにしても、一つはそういうあたりにありましょう。

『竜馬がゆく』を書こうと思ってからもう二十年ぐらいになりますが、書き終えてから自分自身が考えたことを含めて、以上のように考えています。坂本龍馬の生活はわずか三十二年でしかありませんでしたが、後世の私どもにずいぶんいろんなことを考えさせる人だと思います。

（「文化評論」第二一三号、一九七九年一月）

勝海舟とカッテンディーケ――〝国民〟の成立とオランダ

ちょっと説明的なタイトルですが、「〝国民〟の成立とオランダ」というタイトルで話したいと思います。

いま（一九八八年十二月八日）、オランダのアムステルダムに来ておりまして、南郊のホテルの部屋でこのことを考えています。

勝海舟（一八二三～九九）は、日本史上、異様な存在でした。異様とは、みずからを架空の存在にしたことです。架空の存在とは、みずからを、〝国民〟にしてしまったことです。〝国民〟がたれひとり日本に存在しない時代においてです。さて勝海舟のことから話すべきか、あるいは海舟の若いころ、かれにとって海軍技術の教授だったカッテンディーケ（Kattendyke, Willem Johan Cornelis Ridder Huyssen van, 一八一六～六六）のことから始めるべきか、まだ戸惑っています。

それよりも前に、〝国民〟という言葉の意味について申しあげるのがいいでしょう。社会科学の分野では、この概念の意味は確立しています。国民とは、近代市民国家（国民国家）の成立によって形成されるものです。その前に、封建的身分社会が崩壊していなければなりません。〝国民〟を定義ふうにいうと、まず「たれもが平等であると思っているし、げんに法のもとで平等かつ等質である。さらには、どの国民も、自分と国家を同一視している」そういうものを国民といいます。いうまでもなく、国民はフランス革命によって成立した概念で、この革命以後、フランスは世界最初の国民国家になった。

しかし、ヒョッとしたら世界最初はオランダだったかもしれませんね。オランダがスペインの束縛から免れて、いわゆる八〇年戦争といわれる戦争を闘うことによって、スペインの束縛から解放されて自分の国家をもったのが一五八一年であります。フランス革命にさきだつこと二百年です。日本史では織田信長の晩年になります。

オランダ国民は、このあたりで、自分と国との関係を一体感でとらえるという観念を育てたような感じがします。その意味で、きわめてオランダは先進的で、世界で最初の市民社会（国民国家）だったといえるんじゃないでしょうか。

そのように〝国民〟であるオランダ人が日本にやってきたときは、豊臣時代をおわらせた関ヶ原の戦の年（一六〇〇）だったですね。

家康が徳川（江戸）封建政権（一六〇三）を確立したばかりのときであって、以後二百数十年をかけて非常に精密な封建国家をつくっていきます。これはこれで、わるくないものでした。二百数十藩に分れて、その藩ごとに自治があって、そして藩ごとに文化あるいは学問のそれぞれのちがいがあって、互いに競い合い、かつ商品経済をになう町人や農民が力を得てきて合理主義思想を展開し、それらが互いにからみあって、いわゆる江戸文化を高めたという点では、われわれの重要な財産だと思っています。しかし、幕末、いざ国際化するとなりますと、大変でした。ひとびとがみな立場がちがい、身分差があり、等質性というものはまったくなかったのです。

ご存じのように、幕府は、江戸時代の初期、プロテスタントのオランダと清国に限って長崎で交易するということを許しました。スペイン、ポルトガルを追放したように、オランダがもしカトリックであれば許さなかったでしょう。これは、よき選択でした。

その間、日本では、国内の商品経済もしくは流通経済、あるいは貨幣経済――一つの意味として使います――が非常に活況を呈しておりまして、江戸中期以後は、商業の国家なのか、封建国家なのか、ちょっとわかりにくいほどでした。それほど商業が活発になって、特に綿その他では、いわゆるマニファクチュアに近い生産形態をとって、そういう意味での商品生産も発達しました。このことは、結局、コメ経済としての幕府を、こういうゼニ経済がゆるがしていくもとになるんですけれども、そのことはさておきます。

ともかくも、日本中を巻き込んだ流通経済というものが出て、日本人の考え方をずいぶん変えていったと思います。つまり、ヨーロッパ的なものをうけ入れる手製の受信装置ができてきていたということです。くどくいいますと、ものごとを観念で考えるのではなくて、分量とか量と質と、それから流通の経路で考えていく。江戸中期以後の日本人にとっては、そういう考え方がもう普通のものになっていました。封建体制下の合理主義というべきものでしょうか。

一方、オランダと交通しているおかげで、長崎経由でオランダの文物が少しずつ入ってくる。それが日本中にたちどころに広がるというものではありませんでした。日本には、いろいろな国禁があったものですから、なかなか広がらない。むろん、オランダ人は、長崎の出島というところに、いわば柵の中に入れられた囚人のように住まわされていまして、市内見物さえ許されないという、大変失礼な処遇をしてきました。

かれらが日本人と直《じか》に接するということは、幕末のギリギリを待たねばならなかったのです。

ではありましたが、書物その他を通じて、ヨーロッパ文明の考え方が日本の知識人にすこしずつ浸透しました。それは、日本的な合理主義が成長してきている部分とヨーロッパ的な合理主義とが〝私通〟といってはおかしいですが、闇のなかで通じたようなところがあって、それが江戸時代の思想に大きな影響を与えたように思います。かといって、江戸時代を通じてオランダ学を野放図に皆さんがやるということではなくて、ずいぶん、禁止されたり、いろんな処置が講じられたあげくに、江戸末期になって日本式のオランダ学が花を開く。

そのころに成人したのが勝海舟でした。勝海舟は、幕臣の子なんですけれども、幕臣とは名ばかりで、きわめて低い身分の家に生まれました。

これからはオランダ学だということで、江戸でオランダ語を学びました。当時の少年勝麟太郎にとって、オランダ語は出世の手づるだったかもしれません。階級が上昇するためのバネになるものだと思っていたかもしれません。

当時、幕府が洋式海軍を起こすべく正式にオランダに海軍教師団を寄越してくれと要望し、そのとおりになりました。やがて安政四年（一八五七）、その教師団がやってきた。教師団の団長が、リッダー・ホイセン・ファン・カッテンディーケという中佐でありました。幕府の側は、幕臣をかれらの生徒にしました。勝もえらばれました。勝はオランダ語を知っているということもあって教務主任のような職を兼ねました。これが勝を歴史の上に押しあげるバネになっていくのです。

勝という無名の人物に対して注目したのはカッテンディーケでした。ついでながら、カッテンディーケ教師団は第二次教師団で、第一次のほうは、生徒のほうにさほどの人物がいなかったのか、あまり文献も残っていません。

ともかくも、若い海軍士官カッテンディーケと勝が、教師と生徒隊長といったようなかたちで相まみえることになるわけです。

カッテンディーケの回想録によりますと、勝はオランダ語を非常によく解し、そして聡明な人間であり、さらには「真の革新派の闘士」というように非常に強い言葉でほめています。真の革新派の闘士だったということのはげしい言葉をキーにして、今回はお話したいと思います。

当時、すでに幕府は、かれらオランダ人たちが長崎市内を散歩することを十分許しておりましたので、カッテンディーケが長崎のいろいろなひとびとと交際しました。

長崎は有力な町人の多い土地でもありましたので、カッテンディーケがそういう町人と話してびっくりしたことがあります。それより前、かれは、長崎の無防備ぶりにおどろいていました。かれは、「もし艦長が一名の士官と四十五人の陸戦隊をひきいて上陸すれば、おそらく簡単に占領できるだろう」とおもっていましたから、長崎の商人に、

「そういう場合、町の防衛ができますか」

と、問いますと、その商人は、

「それは幕府のなさることだ。われわれの知ったことではない」

と、答えたというのです。江戸身分制では当然のことですが、カッテンディーケは驚いてしまう。これより前、日本と通商すべく長崎にやってきたロシアの軍艦がありました。これは、ロシアとしては最初の、当時としては世界一周をするような大変な国民的事業でした。艦長はクルーデン・シュテルン（一七七〇～一八四六）というドイツ名前の（エストニア生れの）ロシア人で、大航海家であるとともに文章家であり、ヨーロッパの学界でよく知られた地理学者でもありました。そのクルーデン・シュテルンがその名著『日本紀行』のなかで同じようなことを書いています。わずかな陸兵でもって長崎を占領することができると。物騒なことでした。暴漢が往来する野道に、

宝石箱をかかえた美女が無防備で眠りこけているようなものでした。美女は長崎でもあり、日本でもあったでしょう。

カッテンディーケはのちにオランダの海軍大臣をつとめた人だけに、視野も広く、政治感覚もあり、それに繊細な心をもった人でもありました。かれは日本のために、このことは大変なんじゃないかという話を、教務主任の勝に話したのではないか。当然、話したでしょう。勝は一番オランダ語もできますし、この二人はたえず伝習所のことだけでなく日本のことや世界のことについて話し合っていましたから。二人の間の深刻な話については、勝は後年少しもそのことにはふれてません。この人は多弁な人ですが、すべてについて手品のタネを明かすということはほとんどなかったんです。

ご存じのように、江戸時代は士農工商に分れておりまして、武士は幕藩体制にいて、庶民は自分の身分に足をとられていましたし、武士はその所属する徳川家なり諸大名なりがそれぞれ〝天〟で、それを越えて物を考えるということをしませんでした。要するに、日本じゅうに人口の数だけ〝立場〟があり、立場を越えるということはなかったのです。それが封建制であり身分制というものでした。

「オランダの場合はどうなんですか」

というようなことを、カッテンディーケに勝が質したでしょう。

「オランダには憲法があります。オランダ人は、いかなる人といえども、ごく自然にオランダ国民です。自分の身と国とを一体のものとして考え、ある場合にはオランダ国の代表として振る舞い、また敵が攻めてきた場合には自ら進んでそれを防ごうとします。それが国民というものです。日本がなぜそうでないかが不思議ですね」

といったでしょうし、また、

「もし、いまのままなら、簡単に国をとられてしまうでしょう」

といったかもしれません。

長崎で、勝は変ったと思います。長崎での練習艦だった咸臨丸で渡米して、いよいよその〝変心〟をふかめたでしょう。

冒頭に〝勝は異様な存在だった〟とのべました異様さは、このあたりから出てきます。かれはひそかに〝国民〟もしくは最初の〝日本人〟になったのです。人はまったく気づきませんでした。後年、勝があまりに薩長人に対して寛容に淡泊に、いわば〝立場離れ〟をしてつきあうので、幕府が警戒したことだけはたしかです。

ちょっと余談――海舟論にとっては大事なことですが――をさし入れます。

勝の性格についてです。かれには、ちょっといやな、いわばえぐいところがあります。かれは幕臣とはいえ、卑《ひく》い出身で、といってもそのことを卑下《ひげ》していたわけではありません。ただ、かれは門地の卑さを補ってあまりある巨才が自分にあると思っていました。たしかに、勝は巨才の人でした。単に思想家としてすぐれていただけでなく、世事に対して聡明でした。単に聡明なだけでなく、長崎海軍伝習所の取りしきりでみせたように、物事の処理能力が卓越していました。この点は、カッテンディーケがその回想録の中で、気味わるいほど、その処理能力の高さをみとめています。

そういう勝なのです。しかしながら、世の中がうまくゆかないことに、長崎時代も海軍伝習所の長官として江戸からやってきてかれの上にすわったのは、木村摂津守喜《よし》毅《たけ》（一八三〇～一九〇一）という若い――勝よりも、なんと七つも若いんです――幕府官僚でした。木村は御浜御殿を管理する奉行の子で、身分はさほどのことはないのですが、それでも勝の門地からみれば木村の出身身分はたかだかとしたものでした。勝はこの木村をきらいましたが、後世の私は木村をきらっていません。人品がよく、いかにも〝お歴々《れきれき》〟といった感じで、それに、じつに無私でいさぎよくもある人柄でした。才幹もすぐれていましたが、ただ海軍技術についてはむろん実地に学んでいる勝のほうが上です。

余談がつづきます。幕府は、すこしずつ洋式化しつつありまして、この木村を江戸へよびかえして、日本最初の将官ともいうべき〝軍艦奉行並《なみ》〟という身分を与えて、海軍行政にあたらせました。勝からみれば〝素人めが〟という不快がありましたろう。日米条約の批准《ひじゆん》ということで、幕府から遣米使節団が送られることになりました。使節団は、アメリカ軍艦「ポーハタン」に搭乗して太平洋を横断することになりますが、勝はこれとはべつに、日本の国威のために、日本人の操船による随行艦を派遣すべきだということを運動し、叶《かな》えられて、長崎時代の練習艦咸臨丸をもって太平洋の横断をすることになります。

当然、勝は艦長が予定されていました。艦長というと、外国では中佐か大佐ですから、勝としてはそれなりの身分上昇があると期待したでしょう。その点、この時期の勝は決して淡白な人間ではありませんでした。かれは渡米にあたって、「両御番上席」という身分をもらいました。両御番とは、御小姓番《おこしようばん》、御書院番の二つのポストのことで、身分はやや小さいながら将軍の身辺に侍《じ》するということで、わりあいいい感じの職とされたものです。勝の場合は、その〝待遇〟ということです。各国の陸海軍の一般でいえば、中尉から少佐ぐらいの職でしょう。むろん、高等官で、歴《れき》とした旗本（士官の身分）から採用され、勝の出身身分のような御家人《ごけにん》（下士官の身分）から採用されませんし、その上席ですから、海軍少佐といったところでしょうか。この新身分は勝としては家門の名誉としてもいいほどのものでした。

あるいは勝は艦長であるからにはもっと高い身分を考えたかもしれませんが、まあこれでいいかともおもったはずです。

ところが、いざ航海に出るという段になって、意外な人事が発令されました。勝艦長のうえに、もう一段上の将官（当時、船将《アドミラル》とよんでいました）がくるというのです。勝は自分がとりしきると思っていたのに、煮え湯をのまされたようなものでした。それも、あの若僧の軍艦奉行・木村摂津守がくるというのです。

「じゃ、摂津守に操艦させろ」

といって、出港してからは、艦長室のドアをしめきったまま、出て来なかったのです。他の者には船酔いだと称していました。航海中、他の士官が操艦について艦長の指示を仰ぎにくると、

「摂津守様にうかがえ」

と、ふてくされて何の指示も与えませんでした。艦が太平洋の真中まできたとき、

「ボートをおろせ。おれは江戸へ帰る」

と言いだして、乗り組んだひとびとを呆然とさせました。身分上昇をとげたいという欲望と、そうはさせない封建制へのいきどおりが、これほどまでにあらわれるというのは、めずらしいことです。自分のことを申しては何ですが、私はこのようなえぐさは大のにがてです。しかし勝その人については大好きなのです。といって、ある時期までの勝については、このえぐさを見なければ論じられませんし、勝が偉大になるのも、このえぐさのせいです。人間は厄介なものです。

まだ余談がつづいています。

勝のえらさは、封建制への怒りに転化されたことでした。もっとも〝他のせいにする〟ということはよくありませんが、勝の場合は、ゆるされます。あとすこしおきき下さい。

勝は、アメリカから帰って、老中《ろうじゆう》によばれます。ついでながら、老中というのは大名です。何人かの老中が、はるか下座に進み出た勝に対し、

「アメリカと日本は、どういうところがちがうのか」

と、のどかな質問をします。勝はすかさず、

「アメリカは日本とちがって、賢い人が上にいます」

老中はみなにがい顔をしたといいます。

ともかくも、勝の中に——勝のえらいところですが——えぐさが麴黴《こうじかび》（麴菌《こうじきん》）になりつつありました。麴については説明するまでもありませんが、米、麦、豆、ヌカなどを蒸して麴菌を繁殖させたもので、この麴黴はアミラーゼをふくんでいて、米などの澱粉を糖に変えるのです。やがてそれが醸造されて酒になるのです。アメリカから帰ったころは、勝の中ですでに醸造酒になっていたでしょう。

「木村摂津守を憎んではいけない。わるいのは、封建制だ」

というのが、勝のこの場合での醸造酒です。その醸造酒を、さらに蒸留してアルコール純度を高めたものが、蒸留酒でしょう。比喩になりますが、思想は、酒というべきものです。

思想は人を酔わせるものでなければなりませんが、勝の中で粗悪ながらも醸造酒が出来たのです。ただこの酒は、勝当人だけを秘《ひそ》かに酔わせるだけのもので、他に及ぼすことはできません。〝木村がわるい〟では素材であっても酒ではありません、〝封建制がわるい〟となると、やや普遍化して酒になります。が、かといって、わるければどうすればよいかがないため、単に自分自身を酔わせるだけになります。ただし相当悪酔いする酒ですね、仏教でいう往相《おうそう》があって還相《げんそう》がありませんから。

〝ではどうすればよいか〟

が、蒸留化への道でした。そこで、勝は、長崎時代、全身で吸収したカッテンディーケのオランダ国の国民思想とその体制を思いだしたでしょう。

〝国民を創出すればよい〟

つまり、国民という等質の一階級をつくりだすことです。

ということは、幕藩体制と士農工商の身分制を否定せざるをえません。勝は、幕臣です。幕府にとって不忠になり、逆賊になるでしょう。

以後のかれの行動は、微妙なニュアンスと、合法的でありながら特異なものになりました。本来、旗本というのは許可なくして江戸を離れることができません。かれは、幕閣の許可を得て、神戸に半官半民ともいうべき海軍塾（神戸海軍操練所）をおこしました。ここで、薩長土の諸藩の士や脱藩浪人をあつめて、海軍技術を教えました。

勝はこの時期、「軍艦奉行並」という将官でした。塾生のなかには過激な尊王攘夷の徒もまじっていて、反幕的な政治事件をおこしたりしましたから、幕閣筋では、

――勝は神戸で激徒を養っている。

という噂がたち、やがて罷免され、塾は閉鎖せざるをえなくなりました。

どうもこれは余談ではありませんね。本論になってきました。そのままつづけます。

さて、この神戸海軍塾時代、勝は塾頭に土佐浪士坂本龍馬をえらびました。坂本はもともと素朴な尊攘家で、江戸で勝を訪ね、返答によっては勝を開国派の奸物として斬ろうと思っていましたが、勝の話をきいて頓悟《とんご》し、その門人になります。「日本一の勝先生の門人になった」と大よろこびで故郷の姉に手紙を書いていますが、もともと坂本は土佐の高知にいるときに、オランダ国憲法に関心をもった時期があり、すでに〝国民〟たるべき素地をもっていたと思います。勝は、この坂本を神戸海軍塾の塾頭にしました。かって長崎におけるカッテンディーケの位置が神戸では勝、勝の位置が坂本でした。両人が話し合う内容は、しばしば深刻をきわめたであろうことは想像に難くありません。

私が、いま話している主題をことさらに文法化しますと、文脈としては、勝が神戸海軍塾をひらいてひろく諸藩の士や浪人をあつめたのは、ひょっとすると〝国民〟をそこから得たかったのかもしれません。しかし、なにぶん危険で、かつ危険思想でもありますから、たれに対してもそんなことを言おうとは勝は思っていない。勝は、坂本を得て、かれを〝国民〟あるいは第一号（勝は、なお幕臣ですから）にしたかったのかもしれません。おそらく勝という瓶子《へいし》に満ちた蒸留酒が、坂本という瓶子に移されたのかもしれません。勝は、明治後の座談をみても、自分がふれあったひとびとのなかで最大の人物を、西郷隆盛と坂本龍馬としているようであります。勝としては、身動きのとれぬ幕臣という立場上、坂本を得たことは、どんなにうれしかったことでしょう。坂本という稀代の瓶子に日本最初の酒を移すことによって、勝の酒はすばらしい自由と、普遍性をもちました。

神戸海軍塾が閉鎖されますと、こんどは坂本が長崎にゆき、塾時代の土佐系の浪士たちとともに亀山社中《かめやましやちゆう》（のち海援隊）をおこします。海軍実習と貿易をめざす結社ですが、坂本はこの結社の〝憲法〟として、同志は浪士であること、藩に拘束されないことをかかげます。〝国民〟の育成ととれないでしょうか。

いまでもなお、人類とか世界とかというのは多分に観念のものであるように、封建身分制社会で〝国民〟あるいは〝日本人〟などというものは〝火星人〟というに近い抽象的存在でした。そのように、宙空《ちゆうくう》にうかんだ大観念の一点に自分を置いたとき、地上の諸事情・諸状勢はかえってよく見えてくるものです。かつ、未来まで見えます。さらには、打つべき手までつぎつぎと発想できます。

坂本は、長崎で〝国民集団〟をつくりました。その資金は、一種の株式会社募集のやり方であつめました。勝の紹介で、越前、長州、土佐、薩摩からあつめたのです。かれは、たとえ新政権ができてもそれに参加するつもりはない、ということは、大政奉還後に薩摩の西郷にそういって、さすがの西郷を一瞬、小さくさせたような光景を演じていますから、十分その思想が想像できるのです。

かれの志は、貿易にありました。そのためには、国は統一されねばならない。その段階として「薩長秘密同盟」を思いたち、じつにいいタイミングに、長州の桂小五郎(木戸孝允)を京都におよび、薩摩の西郷と手をにぎらせます。

が、その後、倒幕の状勢は膠着の状態にあり、機をみて「大政奉還」というアイデアを投じて状況を一変させます。ほどなく刺客のために斃《たお》れるのですが、その間において新国家の構想をまとめもしました。「船中八策」とよばれるのがそれですが、じつに先進的なものでした。

坂本の風雲の生涯は、印象として奇策縦横にみえますし、事実そうでした。その発想のもとは、現実の泥ぬま――幕藩体制や身分制――からわずかに超越してその観念(国民国家という観念です)を宙空に置いていたからでしょう。

坂本の死後、もう一人の〝国民〟である勝は、倒幕のために東海道を東進してくる新政府軍に対し、徳川慶喜から全権を委ねられて、徳川政権の自己否定というべきあざやかな退幕《たいまく》の手をうちます。歴史という劇場から徳川家をみごとにさがらせるのです。まったく無血で。

このあざやかさは勝の手腕ですが、幕臣として、ひるむことも感傷にひたることもなく着想し、筋を書き、みごとに演じきったのは、かれの中の〝国民〟がそうさせたのでしょう。

勝は賢い人でした。それに、物事を塩辛く考える男でもありました。ですから、西郷ら薩長がすぐさま国民国家をつくるという過剰期待はもっていませんでした。しかし勝にすれば、大道さえつくっておけば、いずれ日本国はそうなるはずだろうと思っていたはずです。

余談といいながら、途中で本論になって、結局、このように結論まで一気に行ってしまったようです。

あら筋は、右のとおりです。あとは、話の筋をもとにもどしながら、そのあたりをぶらぶら散歩することにします。

当時、横井小楠（一八〇九〜六九）という人がいました。肥後熊本藩の人で、明治二年、新政府にまねかれて重職についたとき、その思想を急進的であるとするテロリストのために殺されてしまいます。

ともかくも小楠は、幕末、ひとびとから仰望された思想家でした。思想家といっても固定した一体系として完成された思想をもつ人ではなくて、刻々思想が変わっていく思想家という奇妙な存在でした。つまり、日本が流動的なものですから、時勢を懸命に模索する横井小楠としても思想が流動的にならざるをえなかったのです。それでもひとびとは小楠を訪ねてその意見をききました。あるとき、訪問客が、

「先生のご意見は、以前伺ったのと大変ちがいますな」

といって笑うと、小楠も笑いながら、

「私は刻々考えている。事態も刻々変る」

ふしぎな人でした。

小楠の人気というのは、当時、志士たちの間では大変なものでした。その小楠と勝とが親しかったのです。ついでながら、小楠は蘭学をやっておりません。儒者でした。

小楠が、「アメリカの大統領というのは、どのようにして選ばれるのですか」と勝に聞くと、勝は大統領選挙の説明をする。――聞くなり小楠は頓悟《とんご》してしまう。「それは堯・舜の世ですな」。アメリカの民主主義を儒教的にあっというまに翻訳したのです。堯・舜というのはいうまでもなく、中国の儒教の理想時代――儒教は理想時代

を古代においてます――のことです。古代に堯と舜という皇帝があって、それは戦争によって皇帝になったわけでもなしに、徳により、衆に推され皇帝になった。そして民のためによく働き、席の温まるいとまもなかった。しかも皇帝の職を世襲せず、堯は舜を選び、舜は禹を選びました。ただし、禹以後は世襲になって夏王朝がはじまります。ともかくも一言、「それは堯・舜の世ですな」と言ったのは実にあざやかで、万事そういう頭の働きの人でした。勝はそういう頭のぐあいの人をとくに好きでした。自分もそうだからでしょう。むろん坂本もそうでした。

あるとき、勝に坂本龍馬が、

「ワシントンさんの子孫はどうなってますか」と訊きました。ともかくも坂本は、小楠以上に頭の働きが早く、しかも刻々頓悟《とんご》するところがあります。ワシントンはむろんジョージ・ワシントンのことで、一七八三年、アメリカをイギリスから独立させて初代大統領にえらばれた人です。

「それは、下駄屋をやっているのか靴屋をやっているのか俺は知らない。アメリカ人も知らないだろう」

というと、龍馬は「はあァ」と頷く。つまり、どこか、ワシントンは徳川家康だとおもっていたのです。それで、龍馬という者の頭は、それだけのやり取りでアメリカの体制がわかってしまうところがある。わかっただけではなく、日本もそうあるべきだと思うわけですね。さらに龍馬は聞きました。

「アメリカの大統領は毎日どういう心配をしているんですか」

と非常に素朴な質問をしたら、

「メイドさんの給料がどうなってるかという心配もしている」と言う。

「はあ、日本の将軍は下女の給料の心配をしたことがあるんだろうか」

……これをしたことがない。それだけでも幕府は倒すべきだと考える。龍馬はこの話を長州の桂小五郎にしたことがあります。右の二、三の質問で、アメリカの制度が地の底までつらぬくように理解できたというのが、小楠や龍馬の頭だったのでしょう。

小楠は多分に書斎人でしたが、龍馬は革命家になってゆく。

幕末のいわゆる志士のなかで、明治の革命後の青写真、国家の設計図をもった人は坂本龍馬だけだったろうと思いますが、それは勝という触媒によってできあがって行ったものでしょう。さらにいえば、カッテンディーケが勝にとっての触媒だった。それが龍馬にうつされてゆく。

触媒ということばを、もっと広い場所でつかいたいと思います。いまオランダにいます。その場所で、日本の江戸期の文化の熟成を考えるというのは、大変ぜいたくな感じで、いい気持でいます。考えるというのは、江戸文化の熟成に対してオランダはなにか加えなかったか、ということです。

江戸初期をすぎて中期にさしかかるころに、魅力的な思想家がずらりと並ぶんですね。新井白石とか荻生徂徠《おぎゅうそらい》とか、それから本多利明《ほんだとしあき》という科学思想家とか、海保青陵《かいほせいりょう》という経済学者とか、あげていくとキリがなくなるほどです。

この現象はオランダと関係がなく、日本の国内において大いに沸騰した流通経済、貨幣経済、商品経済の沸騰が生んだものでしょう。物を合理的にみるというのは、経済がつくりだすものなのです。しかし、その合理主義に筋みちを与えるいわば触媒の役目をしたのは、あまり過大に考えるとまちがうにせよ――なにしろ鎖国下ですからね――やはりオランダからの見えざる合理主義思想の浸透ということがあるでしょう。

荻生徂徠（一六六六～一七二八）ひとつ取り上げても、かれは朱子学という、中国や朝鮮、あるいは日本の思想を固定化したドグマから、自力で脱出しました。

朱子学の祖の朱熹（一一三〇～一二〇〇）は偉大な人ではあります。かれは儒教に体系をあたえた人でした。強烈な価値観を導入した人でもありました。

それまでの儒教は多分に教養的な知的集積といった感じがありましたが、朱子はそれに形而上性をあたえ、液体を固体に仕直したようなところがあります。とくにかれの史学は、各王朝が正統であるかどうかを〝大義名分〟ということでいっさいを見直しました。むろん、かれの形而上学が成立するのは、宋代の時代的事情によります。漢民族としての民族主義を昂揚し、漢民族文明を純化し、同時に不純を排除せざるをえなかったということがあります。要するに、かれの思想（あるいは価値観）は、その時代の状態によってうまれたものです。

元《げん》に入るにおよんで、科挙の試験は、朱子の解釈に従うべきものとさだめられ、やがて朝鮮の科挙もそうなりました。このおかげで、すくなくとも五世紀ほどの長期にわたって、朱子のドグマが中国・朝鮮・日本を支配することになります。滑稽なことです。形而上学というのは、理屈学です。時代的状況が去れば、ヘリクツになってしまいます。ヘリクツが、東アジアをながく支配してきたのです。いわゆる「アジア的停滞」のしんには、朱子学があると思います。

江戸幕府は、朱子学をもって官学としておりました。徂徠が、朱子学という官許のドグマからぬけだしたのは大変なことだったろうと思うんです。ぬけでてどこへゆくかというと、中国古代へゆき、孔子にもどることを提唱しました。かれはこれを〝古学〟といい、古い文章（古文辞）を研究することをすすめましたが、それは宋学（朱子学）からのがれるためのもので、実際の態度は科学的実証主義とでもいうべきものでした。ともかくかれは、〝道学《どうがく》〟である朱子学を否定し、実証的であることによって、経験科学に入ってゆく門をつくったともいえます。

ともかくも、実証主義的な気運がおこったということで、江戸中期は大いなる時代だったといえましょう。

たとえば、京都の漢方医の山脇東洋（一七〇五～六二）を考えるとおもしろいですね。漢方というのは、陰陽五行説などのドグマが最初にあって、いわば形式科学であり、あとはその型によって思考してゆきます。つまり、経験科学にはなりにくいのです。だから、実証主義というのは漢方には要らない。

山脇東洋は、漢方医でありながら、江戸中期の時代の熱気のなかにあって、きわめて実証的でした。かれは、人間の内臓を見るべきだと思った。

くりかえし言いますが、漢方は先験的で、人間の内臓など見なくてもいいのです。原理として陰陽五行説を奉じていればよく、また病理学的なものは『傷寒論』という本をバイブルのように大事にしていればいいのです。そして外から見た症状で病名をつくり、そして経験的な処置あるいは投薬でもって病気を治す。内臓を見る必要はありません。

ですけど、山脇東洋はそれを自分の目で見てたしかめたかったというのが、江戸中期的な気分といえます。五臓六腑ということばが漢方にありますように、五臓六腑の図というものはあったんです。明の医者で、罪人の解剖を許された人が、その内臓の姿を絵にしたものが日本にも伝わってきていました。

その明の「臓志」というものも、許されて罪人の内臓を見たという明の医者が、じつは作為をしてしまったのです。この明の医者は、実際に罪人の内臓を見ながら、それ以前から伝わっている内臓図とちょっと違う。それ以前の内臓図は陰陽五行というドグマによって描かれたものです。明の医者はおそらくこれは悪い人間だから違うんじゃないかと考えた。つまり、観念のほうを重んじたわけです。それが日本に伝わっていた明の「臓志」というものです。

山脇東洋は、初老期になるまでカワウソを解剖してきました。五十頭におよんだといいます。カワウソは人体に似ているといわれていました。

ところが、解剖の結果、やっぱりどうも人間と違うんじゃないかと思った。そして、とうとう、粟田口の罪人の解剖を許されて、それでかれはそれを綿密にスケッチしまして、はたせるかな、明の「臓志」は間違っているということを悟るわけです。かれは、そのとき、もう五十を過ぎていました。かといって山脇東洋の学問が進んだわけでもなく何でもないんです。東洋は、時代の実証精神からつき動かされて、内臓を見てしまったわけですね。日本における解剖の最初なんですが、私はべつにそのことを語りたくて語っているのではなく、江戸時代を語っているのです。幕藩体制や身分制でもって鉄筋構造のように頑丈なようにみえて、内部にはそういう体制的ドグマをつきくずす実証精神がふつふつとたぎっていたことを言いたかったのです。その尖端が革命期にきて、勝や坂本という形質をとったと考えていいのではないでしょうか。

いま、アムステルダムにいるものですからオランダの話になるんですけど、オランダという国も不思議な国で、もし、江戸日本が、オランダとつき合ってなくて、別な、つまりフランス革命以前のフランスとか、スペインのようなカトリックの国とか、そういう国とつき合っていたら、ちょっと別なものになっていたろうと思うのです。

たとえば絵で申しあげますと、八〇年戦争をやり遂げて自らの国を独立させたオランダが、絵画のうえでも黄金時代を迎えるわけですね。オランダ人はどういうわけだか彫刻をあまりやらない。それから大建築をつくらないのですね。それは富と関係があると思います。富が王とか貴族に集中されている場合には、大建築とか大彫刻があったと思うんです。かれらはその当時――日本の関ヶ原の戦のころ――は人口は二百万そこそこでしかありませんでした。驚くべき国ですね。二百万そこそこで海に向かって発展していました。かれらには、ほとんど身分差別がなくて、一階級といってもいいような市民社会であり、資源もないままに、貿易によって国を興そうとしていました。

しかし、オランダは、スペイン人によってスペインの領地にされていましたころは、一番みじめでした。海へ出てゆくのですが、貧乏たらしくて、海の乞食などと悪口をいわれていました。ダッチカウントとか、ダッチロールとか、オランダ人を評した過去のことばははなはだみじめったらしい。しかし十七世紀には、もうヨーロッパで国民一人あたりの収入が最高だったともいわれています。

ともかく、もっとも早く市民社会をつくり上げたものの、それだけに富の不合理な集中がなく、ないために大建築や大彫刻ができなかった。金のかからない絵画のほうがお得意芸になったのではないでしょうか。

絵画では、すばらしい巨匠を生む国でした。それも何でもない果物を書いたり、何でもない野原を書いたり、風景画、静物画を興した国でもありました。それまで、絵というのは教会や貴族に奉仕するものでした。聖画を描き、王侯の肖像画を描いてきました。オランダは、人間を描くにしても、なんでもない人間を描いた。そういう風土からレンブラントやゴッホがうまれたのです。

レンブラント（一六〇六〜六九）には、「夜警」という有名な絵がありますね。これは、「夜警」という翻訳が間違っていて、町を警戒するナントカ隊長の実態を描いたのだそうですが、「夜警」とよぶほうが当時のオランダの社会と精神をよくあらわしていると思います。市民がみんなで夜警して回る。いかにも市民国家的です。それが絵画になっている。ナポレオンやネルソンを描いたものじゃないんです。

それから、これはちょっとオランダ国成立以前のオランダ人なんですけれども、日本の室町末期、戦国時代ぐらいに出たエラスムス（一四六六〜一五三六）という偉い人がいましたですね。エラスムスは、カトリック教会の堕落を容赦会釈なしに思想書として書いた『痴愚礼讃』という本で有名ですね。エラスムスはロッテルダムにうまれまして、修道院の教育を受け、司教の秘書になったりして、お坊さんだったんですが、その後に英国やイタリアへ赴き、学識を深めて、博学の人文主義者となった。十七世紀のオランダ人がエラスムスを非常に大事にして、はるか東洋へ行くオランダの船の舳先にエラスムスの像をつけていたといわれてますね。

それから、日本との通交ができたあとに出た大思想家でスピノザ（一六三二～七七）という哲学者が、このアムステルダムの町でうまれます。ユダヤ街でうまれたユダヤ人でした。両親はユダヤ教でしたが、スピノザは無神論者としてユダヤ人教団から破門されました。ただスピノザは神を否定したのではなく、神に対して人間がいろいろと勝手につけた神の属性を全部剝ぎ取って、神の本質に迫ろうとしたようですね。かれがその哲学を考えたり書いたりした言語も、生の言葉ではなく幾何学的な言語だったというのは、合理主義の病的なまでのあらわれといえるのではないでしょうか。スピノザはフランスなんかにおったらどんなに迫害されるか知りませんけど、オランダなら、君はおもしろいこと考えているね、という自由がありました。

つまり、商業社会が持っているのは自由ということ。まだマルクスの定義による資本主義がヨーロッパで起こっていませんが、オランダではそれの先駆的なやり方が渦巻いていました。プレ資本主義ともいうべきものが。

資本主義が人類に残した大きな遺産——いまでもあるのですから残したというのは

おかしいですが、――人類に与えた大きな遺産は、自由ということでした。それからもう一つは、合理主義というものでした。これがオランダで顕著にあらわれているということは、スピノザの成立においても見ることができます。

そういうオランダ国と日本はつき合っていたわけですね。そしてオランダもまた日本とつき合うことによって、日本に産する黄金を得たかった。日本はたまたま、秀吉が政権を取ったころから諸国で金が湧くように出たといわれてます。徳川初期には、世界一ともいうべき金産国で、佐渡の金鉱などは大いに活況を呈しました。ともかくその産出の盛大さはつづきました。そういう日本市場を、ヨーロッパではオランダ人だけが独占していたわけです。

で、日本では金と銀の差が少ない。ヨーロッパでは金は非常に高いものであって、銀はだいぶ低い。この差益でもってオランダ人はずいぶん稼ぎました。かといって、鎖国下の日本におけるオランダ人の待遇はみじめでした。長崎の出島で、商館ぐるみ幽閉同然の処遇をうけ、またオランダ船が長崎に入港してくると、船の武装を解除され、オランダ人は丸腰同然で上陸せざるをえないというものでした。大きな利益があるから屈辱にも耐えたのです。そういうオランダ人を、「ヨーロッパ人の面《つら》よごしだ」

と他のヨーロッパ人はけなしました。

日本にとって金はずいぶんヨーロッパに流出してしまいました。人にはたれもケチっぽい感覚があります。過去のことながら惜しいことをしちゃったなといじましく思うこともできます。しかしそのぶんだけ、目にみえない文化や思想、学問、あるいは目にみえる文物が江戸期の文化や思考法に刺激を与えてくれたのです。言い方をべつにすれば、われわれの土地から産した金でもってヨーロッパの文化を買いつづけていたと思ってもいいのです。もっとも、幕府にはそんなものを買いたいという姿勢はありませんでしたが。

なんといっても江戸幕府は、さきにのべた朱子学を官学としておりました。朱子学は攘夷思想、外国侮視思想が基本的に入っています。ですからオランダの奇妙な思想はもとより、他のものも日本に入ることを好みませんでした。だからオランダの文物が日本国中を充満したのでは決してありません。ただ江戸末期ぐらいになりますと、幕府のタガが緩んだせいもあって、オランダ・ブームというものがおこりました。ごく一部ではありましたが。

さて、嘉永六年（一八五三）のペリー来航のショック以後が幕末ということになります。で、安政条約（日米和親条約、一八五四）の成立。これはもう幕府が限定的に開国したわけですね。しかし内国的にはあくまでも鎖国がつづいています。さらには満天下の世論は、わずかながらも開国した幕府に反対で、攘夷の声が、山河も割れるほどに高くなりました。夷とは、外国人のことです。外国人を打ちはらえ。オランダのことも思いながら話を進めています。この間オランダはどうしてたか。むろん、幕府は安政条約をアメリカと締結したあと、各国とも結びます。そしてオランダとも。

オランダはさきにのべたように特別な関係でありつづけてきたのですが、ここではかの欧州の列強と同じ席に並んだわけです。むろん、以前の屈辱的な処遇から足を抜きました。抜くにあたって、オランダの商館長は、おだやかに、

「あのような待遇のされ方はおわったのです。以後、私どもはちがう態度をとりますが、お気をわるくなさらぬように」

と、公式に幕府に対して申し述べました。日蘭関係というのは、過去になったのです。

オランダというのは、遠慮ぶかい国でした。それが、伝統でした。

なぜ遠慮ぶかいかというと、十七世紀に二百数十万の人口から大いに国を興して、やがて食えるようになると人口が増えます。そして、一六〇二年に東インド会社を設立したり、いろいろします。――むろん植民地主義はよくない、というのはいまの言い方であって、歴史の上では善悪なしで見ていかなければいけません――東南アジアに植民地をつくって、そして、はるかに日本まで足を延ばして、日本との交易をした。この異常な発展ぶりは、イギリス人の嫉妬を買いつづけたのです。イギリス人にすれば、俺たちがやるべきところを、なんだあの小さな国が、ということでした。国家と国家は、ときに子供のけんかと似ています。イギリスがオランダいじめしたばかりか、戦争まで仕かけました。またフランスではナポレオンが出てきてオランダを一時期自分の領土にしてしまったりしました。

小国（日本の九州ほどの広さです）のオランダとしては、そのようにいろいろ苦労があったものですから、日本との関係を各国と相並んで進めましたときに、オランダは他の列強に遠慮し、長い間の対日貿易の利益を捨てました。

そういうことでしたが、幕府はやっぱりオランダに対して好意的ですね、長いつき合いですから気心がわかっている。ぜひ、あなたの国から軍艦を買いたい。お国から海軍教師団を呼びたい。

それでも、当時のオランダの公使は各国に気を遣って、それを私の国がやるとイギリスがどう思いますでしょうか、とかなんとかというようなことがあったうえで、ようやくカッテンディーケが来たのです。かれとともに咸臨丸も来たのです。

明治維新の最大の功績者は、まず徳川将軍慶喜《よしのぶ》だったでしょう。かれは幕末、外国文書では〝日本国皇帝〟でした。それが、鳥羽・伏見における小さな敗北のあと、巨きな江戸期日本そのものを投げだして、みずからは水戸にしりぞき、歴史のかなたに自分を消してしまったのです。退くにあたって、勝海舟に全権をわたし、徳川家の葬式をさせました。となると、明治維新最大の功績者は、徳川慶喜と勝海舟だったことになります。

この功績からみると、薩摩や長州は、単に力にすぎません。また、この瞬間の二人にくらべれば、西郷隆盛や木戸孝允は小さくみえますね。

勝が営んだ江戸幕府の葬式というものは、明快な主題がありました。むろん、かれは口外していませんが、〝国民の成立〟もしくは〝国民国家の樹立〟ということが、秘めたる主題もしくは正義だったでしょう。それが、革命側の西郷隆盛の心に響くことによって、三田《みた》における両者の会談が劇的になり、さらには江戸の無血開城という日本史上（あるいは世界史で）もっとも格調の高い歴史が演じられたのでしょう。

今回は、カッテンディーケという触媒、勝という存在そのものが思想だった人物。それに坂本龍馬の活躍と死、さらには三田における勝の受けとめ手としての西郷というのを、一筋の糸としてのべました。

（『「明治」という国家』日本放送出版協会、一九八九年九月）

競争の原理の作動

「アジア的専制国家」ということばを、ヨーロッパの歴史家や政治学者はこのんでつかう。そういう場合「日本をのぞいて」という正確な配慮が、私の知るかぎり、おこなわれたことがない。

戦前までの日本人の学者までが、そのように無神経にひっくるめてしまう。いまもそのような無神経さをもったひとが何人かいる。おそらく日本が、いわゆるアジア的とはおよそガラのちがった体制をもっていたことを知らないか、たとえ知っていても、論者にとって都合のいい結論をみちびき出すために、「日本」という端数《はすう》を四捨五入してしまっているのであろう。

私はちかごろ韓国を旅行した。日程の九割ほどは農村をまわった。農村がまったく近代化されておらず、いわば貧困で、日本でいえばなにやら奈良朝当時の農村はこうであったのではなかったかとおもわせた。

私はよその国の状態について批判がましくいうために、この「貧困」というどぎつい言葉をつかったのではなく、あとで他のことをのべるために、申しわけないが、建設途上の韓国をひきあいに出しているだけである。

韓国における農村の停滞は、旧中国において見たそれとそっくりであり、規模としては縮刷版の感じがした。この停滞は、いまの韓国政府に責任があるわけではなく（将来への責任があるにしても）、さらに勇敢にいってしまえば、韓国にとって諸悪の根源である「日本統治三十六年」にじかに責任があったというように、そのようにいいきってしまうことも、どうも大事なものを落としてしまうような気がする。

韓国のひとびとに素直に考えてもらいたいが、この停滞は、こんにちの韓国人の生活意識や規範、習慣のほとんどをつくりあげた李朝《りちょう》五百年の体制に原因の多くがもとめられるのではないか、とおもったりした。

明治後の勝海舟というのは、維新政府成立の功ということについてつよい自負心があったらしく、政府の要人たちに対する一種特別の発言力をもっていた。

かれは幕末以来、東亜連盟主義で、欧米のアジア侵略をふせぐには、中国、朝鮮、日本の三国が締盟しなければならないと説きつづけて生涯この説はかわらなかった。

明治政府は、政権成立後、すぐさま対馬藩《つしま》を仲介者として朝鮮に修交をもとめる意思表示を何度もした。ところがそのつど朝鮮（当時は李王朝）から罵倒《ばとう》され、追いかえされた。朝鮮側の言いぶんはひとつであった。

「わが国は鎖国主義をとっている。日本は勝手に開国して、わがほうに開国をもとめるとは何事か。第一、その服装はなにか。洋服を着、靴をはく。日本古来の俗というものを捨てている。俗をすてて民族というものは成立せぬ。はずかしくないのか」と、苛烈《かれつ》なばかりにののしりつづけた。結局この朝鮮の侮日態度が、日本の朝野で征韓論というものを生むにいたるのだが、勝はそういう外征には反対であった。時間をゆっくりかけよ、という。

「朝鮮の制度も政治も腐りきっている。だからいかに手をさしのべても、むこうは握ろうとはせぬ。しかしながら腐ればそれを一新させようとする勢力が興《おこ》ってくる」

勝はその「新しい勢い」のことを、

「西郷隆盛のごとき者」

と、表現している。そういう者が朝鮮にも出てくるから、その者と手をにぎればよい、と勝はいう。要するに革命を待て、待って、その革命の代表者と手をにぎれ、腐りきった政権と話をしたって仕様がない、と勝がいったのは、旧幕時代、かれは幕臣として、幕府の高官の無責任と無能と因循にほとほと愛想をつかした経験があり、その骨身にしみた経験から推して、老朽政権というものはとても相手にできるようなものではない、といったのである。

日本の歴史で、国家とはなにかという生命体としてのそれを医師のような感覚で知りぬいていた政治家は、勝のほかにちょっと見あたらない。勝以外の者をさがすとすれば、勝自身の推見でも、かろうじて家康ぐらいのものである。

そういう勝が、そういいつづけて明治三十二年（一八九九）に死ぬのだが、その晩年、

「もうおこりそうなものだが」

と、くびかしげて自分の予言のあたらないことをふしぎがった。

勝海舟ほどの人でも、儒教的専制国家というものがいかなるものであるかということを知らなかったらしい。

むろん儒教的専制国家は、中国が卸し元である。漢の時代にこの体制がうまれ、宋《そう》におよんで大完成し、清朝《しんちょう》までつづき、清朝が消滅してもなおその基本的な政治習風は蔣介石《しょうかいせき》中国におよんでなお臭気が抜けなかったというほど、その体制的体質という

のはしぶとい。

朝鮮は高麗《こうらい》朝でもそうであったが、日本の室町初期に成立した李氏朝鮮というのは、この儒教的専制国家の模範生的な国家であった。

私は、韓人社会というものに、若いころから関係が深かった。朝鮮への愛が深まれば深まるほど、日本と朝鮮のこの不幸な関係（日本の存在がつねに朝鮮に不幸をもたらしたのだが）は、やはり勝海舟が期待してその期待がむなしくなったところにあるとおもわざるをえず、海舟のなげきが、不遜《ふそん》ながら自分のなげきになってしまう。なぜ朝鮮が、日本が明治維新をおこしたときにそれをおこなわなかったか、ということなのである。

明治維新というのは、完璧《かんぺき》な意味での革命の概念（そういうものはじつは地上にありえないが）でいえばどうなるのか、これはここでは触れない。アジア的規模でいえば、産業革命によって技術国家になった欧米諸国が、その世界史的潮流に乗ってアジアを領土的にあるいは商業的に侵略した。日本はその潮流をみて一大衝撃をうけ、侵略されることを避けるためにはその世界史的潮流である産業革命に乗るしかないとみて、それに乗った。乗るということについては、当時攘夷《じょうい》を叫びつつも暗黙のうちに国民的合意があったはずで、その証拠は無数にある。が、乗るということの国家的変身は、老朽政権ではアタマではわかっていても体がついてゆかず、勝海舟が骨身にしみて味わったように不可能であり、あたらしい勢力がとってかわる以外にない。前述の意味では文化革命であり、後述の意味では政治革命である。その新勢力が、たまたま（もしくは必然的に）西日本の雄藩である薩長《さっちょう》であった。薩長とはどういうものであるかは、ここでは触れない。

要は、なぜ、海峡ひとつへだてた朝鮮で維新がおこらなかったかということである。もしおこっていれば、そしてもし朝鮮が堂々たる近代国家になっておれば、勝のいう日朝同盟が成立する基盤ができたであろう。明治日本は朝鮮のそのめざましい産業国家としての姿を畏敬《いけい》し、決して征韓論とか日韓併合というようなかさにかかった態度をとらなかったであろう。たとえたがいに憎みあう関係がうまれるとしても、相互に畏敬する気持は多少とも双方にありえたようにおもえる。しかしながら、日本でおこった革命が、朝鮮ではおこらなかった。

話は小さくなるが、中国式の専制国家というのは、土地は公有であり、土地公有であるという点では一種の社会主義的内容をもっている。天が公有なるごとく、地も公有である。

日本も大化改新という七世紀の大むかしに、皇太子時代の天智天皇と藤原鎌足《かまたり》が、一種の天皇革命をおこしてこれをまねたことがある。ところが、まねた瞬間から、朝鮮のように優等生にはならず、まったくの落第生になった。

奈良朝・平安朝という律令《りつりよう》国家というのは、外面はわりあい中国・朝鮮式のそれに似ている。しかし中国・朝鮮式の国家なら皇帝（もしくは王）の独裁であらねばならないが、日本の場合は天皇はつねに権威であって権力でなく、権力はその補佐者（関白など）がこれをにぎるという二重構造になっており、これはほとんど原理的といっていい。

ついで中国・朝鮮式の儒教的専制国家ならば、皇帝の専制の手足になる大官はことごとく皇帝親裁の試験で採用されるのだが、日本では藤原氏を中心とする血族団体——公卿《くぎよう》——がそれを担当する。この点で、致命的な失格である。だから日本史上、中国やヨーロッパの皇帝に相当する強大な権力——朕ハ国家ナリという式——をもった天皇はついに出現せず、原理的に出現できないしくみになっている。

さらには土地公有も、すぐ失敗した。

荘園という私有地の成立がそうである。この公有制度の例外がどんどんひろがって、ついに武士の発生になる。武士とは要するに開墾地主のことで、土地の私有権の主張者のことである。

平安中期ごろから関東にこの開墾地主団がむらがり発生し、後期にいたってそれが平氏と称し、あるいは源氏と称して、律令体制の代表者である京都朝廷に食いこんだり、対立したりして、ついには源頼朝を盟主とするこの土地私有権の主張者たちが強大な軍事力をもって鎌倉幕府という事実上の日本政府を樹立し、中国・朝鮮体制にやや似た京都の朝廷は装飾的な政権になった。

要するに、競争の原理が、日本の下層ではつねに作動《さどう》しつづけていたということであり、いかに中国・朝鮮式の専制を輸入してもその原理を圧殺することはできなかったということである。

ひらたい例でいえば、山田である。明治期に日本にきた中国の有力者が、瀬戸内海を東航する船のなかから島々のてっぺんまで耕された山田をみて、

「耕シテ天ニ至ル、貧ナルカナ」

といったという。この中国人の日本認識がいかに浅薄なものであったかといえば、

山田を競争の原理の象徴としてとらえなかったことである。村々の百姓たちは弥生式時代から明治にいたるまで、他家より一段でも多く田畑をもちたいがために、地理的に耕作しがたい土地まで開墾してわずかでも生産の収穫を得た。この競争の原理が武士を発生せしめ、さらにはくだって競争をすべて悪として停止せしめた江戸体制時代にあっても、開墾と干拓ばかりは諸藩が競争してそれをやった。たとえば長州藩のごときは三十六万九千石の石高でありながら、江戸初期以来瀬戸内海岸の干拓をつづけてきたために幕末にあっては実収百万石といわれた。その収入をもって換金性の高い殖産事業をおこし、幕末ではほとんどあたかもヨーロッパの産業国家のような観を呈した。いまの山口県一つの収入で、洋式陸海軍をもち、さらに京都における革命工作のためにばく大な費用をつかい、つづいて戊辰《ぼしん》戦争（一八六八）の戦費をまかない、それでもなお戊辰戦争終了後に古金（慶長小判など）八万両をもっていたという。この藩はその半分を新政府に献金している。要するに日本に競争の原理があったからであろう。

中国・朝鮮式の専制体制は、競争の原理を封殺するところにその権力の安定をもとめた。その体制の模範生だった朝鮮の農村には、競争の原理というものが伝統としてない。そのために朝鮮の老農夫はたれをみても太古の民のようにいい顔をしており、日本人の顔に共通した特徴とされるけわしさがない。

明治期の中国や朝鮮の農村からみれば、江戸期の競争による蓄積をへてきた日本の農村は――とくに西日本にあっては――たしかに富裕であった。五十戸の字《あざ》には三戸の富農があるといわれたのは、「耕シテ天ニ至ル」という式の競争のおかげであった。

山を田畑にするというのは百年の単位でのしごとで、大変な手間が要る。たとえばその山が禿山《はげやま》である場合、下草をうえて土をやわらかくし、次いで竹木を植えて雨が浸《し》みこむようにし、やがてそれが流れになって段畑でうけとめる、という手間を経なければならない。土地を公田にすることによって人民に競争心をうしなわせ、そのうえに立って儒教的秩序による皇帝専制の官僚体制をつくりあげた中国や朝鮮では、そういうことまでして田畑をひろげようとする衝動が農民の側にない。ひろげればそれが公田になるだけなのである。

江戸期いっぱいの日本の農村はまずしいというのは、ヨーロッパとの比較においてのことで、東アジア的なレベルでの比較では富裕であったというべきであろう。維新成立後、農業国家でしかなかったこの国が、わずかに生糸を外国に売る程度の収入で、すぐさま東京大学をつくり、同時に陸海軍をつくることができたのは、東アジアの他の国からみれば魔法のようにしかみえなかったにちがいない。雄藩の基盤になった西日本における農村の比較的な意味での富裕を見おとしているからであろう。

さらに競争の原理を内部的にもたない当時の中国・朝鮮式体制にあっては、その体制の外観は堂々とはしているものの、それがいかに腐敗して朽木《くちき》同然になっても、みずからの内部勢力によって倒れることがない。外国の侵略という不幸な外圧によってようやく倒れるわけであり、言葉をかえていえば、体制内における薩長的存在というものをみとめないために、他から倒されるほかない。

勝海舟の期待が、右のような理由であやまりだったことがわかるであろう。それが、どちらがいいというわけではなく、要するに体制の内部に秘められた原理性がちがうということなのである。

（「太陽」一九七一年十月号）

吉田松陰

明治維新というのは、藩というものが情勢推進のエネルギー源になったのが、フランス革命とちがっている。ところで、その初動期ともいうべき安政年間のある時期までは、長州藩はうごいていない。「時務」のためにうごいていたのは、水戸、薩摩《さつま》、越前《えちぜん》、土佐などであり、長州藩はただの大名であったにすぎない。

吉田松陰という、二十九歳で死んだこの人のことを考えるばあい、このことをまずあたまに入れておかねばならない。長州の暴走がはじまったのは、この松陰が松下村塾を萩《はぎ》城外でひらいてからのことである。革命というものは薩摩の冷徹な戦略主義だけでできるものでなく土佐脱藩の士のようないわゆる草莽《そうもう》の力闘だけでできるものでもない。松陰死後のある時期から長州藩はその穏和な性格を一変させ全藩ぐるみやぶれかぶれといってもいいような暴走をはじめ、その暴走によっておこる巨大な風圧がつぎつぎに物理的な衝撃を情勢にあたえ、さらに進行し、めまぐるしく、新段階をつくりつつ、ついには自爆寸前になって薩摩と土佐が事態収拾の手をのばし、いわゆる維新が成立した。この長州藩の日本史上の壮観ともいうべき暴走の点火者になったのが、吉田松陰である。

さらにおどろくべきことは、かれが点火に要した時間（かれが松下村塾をひらいた期間）がほんのわずかな期間でしかなかったことである。安政二年（一八五五）十二月、藩命によって自宅に幽居せしめられたときから勘定しても満三年にすぎず、塾の体裁をなした同三年八月からかぞえれば二年半に満たない。門人は唯一《ゆいいつ》の例外（高杉晋《しん》作《さく》）をのぞけば、みんな足軽程度の下級藩士の子弟であり、伊藤博文のように入門当時藩士の列にはいっていない階層の者もいた。塾の客分ともいうべき木戸孝允《たかよし》（桂《かつら》小五郎）は、のち伊藤に体裁だけでも藩士の資格を得させるために「桂小五郎付庸」という名目をあたえたが、このとき藩の上士である桂は「こうなれば主従ということになるが、それは届け出の形式にすぎぬ。君も私も同志である以上同格だ」といった。こういう同志平等の気分というのは他藩にはまったくなかったものであり、長州でも松下村塾だけの独特な気分であった。松陰の影響といっていい。

松陰は、わかりにくい。

なぜこれほど鮮烈な影響力をもちえたかということを考えるのに、その書き残した書きものだけではつかみにくい。松陰は思想家（きわめて実践的な）ではあったが、その論文書簡のたぐいのほとんどは当時の時局問題に関するものであり、これについては井上哲次郎も『日本陽明学派之哲学』のなかで「松陰、国家多難の時にうまれ心を政事に労し、しづかに学理を講究する余裕を有せず。年わづかに二十九にして大辟《たいへき》（死刑）に遇《あ》ふ。故《ゆゑ》に時務に関する諸著は多きも、学理の見るべきものはほとんどまれなり」と書いている。松陰は、ロンドンで著述に没頭したマルクスではない。おのれの思想を醇化《じゆんか》し、すぐさま行動に移し、行動こそ唯一の思想表現の場であるとする陽明学的体質の人であり、自然、行動と遺著をあわせて考えていかなければ接近できない。しかしそれを考えただけでまだ松陰が出て来ないのは、この種の人物は松陰だけではないからである。なぜ松陰ひとりだけが神のごとき影響力をその門下の青年にもちえたのであろう。

結局は、松陰は現実のなまのかれ自身に会ってみなければわからぬような、そういう機微な人格的魅力をもった人のようにおもえる。その人格的機微にふれたとき、ふれた者はその場からでも走りだしたくなるような人物ではないかとおもわれる。するど、アジテーター（扇動家）か、といえばもう間違う。松陰の精神は人を扇動しようとするような、がらのわるい、げびた精神とはおよそうらはらなものであり、松陰にとっては他人が動こうが動くまいが、すべてがおのれの問題なのであり、おのれはどうすべきかということしかない。このあたりに、思想家、革命者として松陰は西洋の類型とはまったくちがった本質があり、フランス革命にもロシア革命にも中国革命にも、松陰のような人物はいなかった。人間はどう生くべきかについて松陰はおそろしいばかりに透徹している。

「体は私なり、心は公なり」

と、その著『坐獄日録《ざごく》』で言う。吉田寅次郎《とらじろう》（松陰の通称）という名のついた自分という存在と肉体はあくまでも私的なものだという。心は公のものでなければならぬ、と言い、さらに以下を意訳すれば「私（体）をこきつかって公に殉ずる者を大人（立派な男）と言い、公をこきつかって私に殉ずる者を小人（つまらぬ男）と言う。小人が死ねばその肉体が腐爛潰敗《ふらんかいはい》するだけのことだが、大人は死すとも天地の理のなかで生きている」と言う。

——しかし死ぬことはこわい。

とたずねた少年があった。品川弥二郎である。松陰は非常に優しい人で、そのうえに類がないほど親切な人であった。こういう素朴な質問にも丁寧にこたえている。こわくあるものか、人間どうせ死ぬのではないか、寿命の長短など宇宙の悠久からみればたかが知れており、結局は「心は公」ということで生命をこきつかい、それによって何事かをする以外に人生の意義はない、と、そのように少年の理解力に適《かな》うような言葉をつかって親切に教えている。

この心からの優しさと親切さというところに、松陰の人格的力をつくりあげている大きな要素の一つがあるようである。

松陰の思想の基盤になっているその教養について触れておかねばならない。

かれは幼時においてすでに家中《かちゅう》でも評判の秀才であり、十二、三歳で藩主の前で七書を講じた。学問の師匠は、後年乃木希典《のぎまれすけ》の師でもあった叔父の玉木文之進《ぶんのしん》であった。文之進は学者というにはあまりに精神主義的でありすぎるために、教育者というべきであり、その言行はつねに電光を発するようにはげしい。が、時勢の論客でなく、武士道の行者としてのおのれの研磨に意力をそそぎつくすというたちの人物であった。

また、吉田家の家学は山鹿《やまが》流の軍学であるが、これは技術学問として世の役にたたない。松陰のまじめさは、軍学で禄《ろく》を食《は》む家としてこの家学の老朽さに責任を感じ、そういう動機から、洋学者佐久間象山《しょうざん》の門をたたいて入門している。洋兵学をまなぶには、まず語学をやらねばならない。語学をやるには長い時間と根気が必要だが、すでに松陰は時勢の論者であり、その危機感のためにつねに身を殺して仁をなそうとする焦燥のなかにあるがために、語学に長い歳月を費消するだけのゆとりがない。のち、下獄してからの文章（手紙）に、

「洋学の念絶ゆ」

と書いている。かれはさらに経学（政治学）を重んじ「兵学を学ぶことはいい。が、兵は凶器で逆徳である。このために兵を用いる者は仁義の倫理観を確立し、さらに政治学に通じなければ完全ではない」とし、経学へ傾斜した。

しかしその経学よりもすきであったのは歴史学であった。かれは野山《のやま》の獄中で大いに読書したが、読んだ書物のほとんどが歴史書であった（奈良本辰也著『吉田松陰』）。さらにそういう分類をこえてかれがもっとも愛読した書物は『孟子』であったといえるであろう。孟子は諸国を遍歴し、諸侯を説くにかれの義の政治学をもってしたが、ついに容《い》れられず、容れられずも倦《う》まなかった。孟子のそういう姿勢が松陰の好みにあっていたにちがいなく、松陰もまた日本崩壊の危機感にかられて、日本中を歩きまわり、ついには国禁をやぶって渡米をしようとさえし、これがために幕府の忌諱《きき》にふれ、刑死せざるをえなくなる。

松陰の思想に触れるには紙数がすくなすぎるが、その思想はむしろその人柄によっ

て玉成されたものらしく、さらにはこの人物の場合、その人柄の中にこそ、その鮮烈な影響力の秘密があるかもしれない。

松陰全集に、かれの門人や縁辺のひとがその人柄を語っているが、なんといってもかれにおいてきわだっているのは、その他人に対する親切さと優しさであるらしい。門人にも怒った顔をみせたことがなく、ことばづかいが丁寧であったという。「非常に親思いで優しい気質でございましたから、父や母に心配をさせまい、気をもませまいと始終それを心がけていたようでございます」

かれが野山の獄にあったとき、同獄の札つきの悪党どもはことごとくかれを慕い、ことごとく改心したという。

かれは、一座の囚人たちに言う。人間にはたれしも長所がある、君はどうやら書がうまい、われわれは君を師匠にして書を学ぼうではないか、などと提案し、書のけいこ中は座をさがってその囚人を師として遇した。俳句ができる囚人がいると、松陰はみなを説いてその囚人の弟子になり、教わった。凶悪犯ですら、師匠に立てられた以上は凜然《りんぜん》として師匠の気分になるであろう。さらには自分の長所を発見されたうれしさは、たとえようもなかったにちがいない。松陰自身は「自分は君たちのような芸がない」として、孟子を講じた。松陰にあっては人間はじつに平等らしいが、この階級差別観のなさはかれがその思想によって到達したものではなく、その天性ともいうべき人間に対する親切と優しさに根づいているらしい。

囚人ですら、感奮した。

松下村塾の塾生たちがふるいたたないはずはないであろう。むろん、かれらが松陰に接しておこす異様な昂揚《こうよう》は、この優しさと親切さだけによるものではない。囚人を相手にしてすらその者の長所を指摘しえた、その天才的としか言いようのない人間の資質についての洞察眼のするどさを考えねばならない。

かれは、塾生ひとりひとりの資質を考え、その長所をえぐりだしては、その者に示した。「君はこの点で他人よりきわだっている」といわれたとき、松陰の当時のことばでいえば懦夫《だふ》もまた立たざるをえないであろう。松陰がその塾生ひとりひとりに指摘するところをながめてゆくと、松下村塾の者はたれ一人尋常一様の者は居なくなってしまう。何者かは天才であり、何者かは不抜の義士であり、何者かは百世に一人という烈士であり、かれら自身が松陰に指摘されて愕然《がくぜん》としておのれに気づくとき、結局はそうならざるをえないにちがいない。松陰のふしぎさはそこにある。

さらには松陰のその魅力は、弟子を動かそうとしてそれをしたのではなく、かれ自身がまっさきに動こうとし、事実動き、結局は「かくすればかくなるものと知りながらやむにやまれぬ大和魂」というかれの下獄の感想のように、すすんでその志操と思想に殉じたことであった。こういう師に接していては、弟子たちは尋常でいられるはずがない。

松陰はそのみじかい生涯の晩年、功利主義的にみれば「暴走」しようとした。高杉晋作ですらそれをとめた。松陰はいった。

「僕は忠義をするつもり。諸友は功業をなすつもり」

功業とは、手柄もしくは革命期における成功主義ということであろう。忠義とは至純の精神をいう。松陰の思想も人間も、そしてその当然な帰結としての非業《ひごう》の最期《さいご》も、すべてこのことばにあらわされているといっていい。

(「毎日新聞」一九六八年八月二十三、二十四日夕刊)

トシさんが歩いている――「歴史のなかの日常」より

新選組という組織をうごかす土方の才能はどこから生まれたかについて

――司馬さんの小説はほぼ全部拝見しているつもりなんですが、竜馬をはじめとして、斎藤道三にせよ土方歳三にせよ、隣人といいますか、何かもっと近しい友人たちのように感じられてくるんですね。司馬さんご自身、どこかで「私の書斎には友人たちがいっぱいいる」というようなことを語っておられたし、『竜馬がゆく』がテレビドラマになるというときにも、「竜馬がニコニコするようなものになってほしいな」としゃべっておられた。歴史小説の主人公には、金縁の額に入れて朝晩拝みましょう、といった人物たちも出てくるのですが、司馬さんの人物たちにはそういう面影が全くない。一つには彼らが、私たちの〝彼岸《ひがん》〟にいないからだと思います。もう一つは、彼らが、〝現在〟の呼吸を保っているからでしょうか。どれも、〝遠い、昔のこと〟ではない。

しかし、そのためには、歴史のなかをくぐりぬけるというか、彼らが生きている日常を、どこかで作家がともにするということがないとダメなのだと思います。口で言うのは簡単なのですが、たとえば史料について、一方で史料の科学的な検証をおこないながら、もう一方で、フッと肌にふれてくるような、叙述や描写の微妙なニュアンスをかぎわけて、歴史上の人物たちを自分の目の前に立たせてみる。その人物たちのいま立っている状況とか、もっと生活の呼吸のようなものを再生してみて、そこからまた改めて、史料を確かめてみるような、そんな操作をされているのではないかと思ってもみたりしているのです。たとえばある俗説がなぜ成立しているのか、その根拠のなかに、この人物と当時のひとびとのふれ合いをフッと感じとる……。

甲州街道沿いに、いまの日野市ですが、東京都南多摩郡の日野町、そのはずれに石田という村があります。土方歳三の出身地です。非常にかわいい、江戸時代のままの形をのこした村なのですが、そこを訪ねたときのことです。

村の入口でオートバイを出し入れしている十八、九歳の青年に、「土方さんのお家はどこですか」と聞いたんです。「私も土方ですが……」と言うんですよ。よくきくと、村全体が土方なんです。「いいえ、土方歳三さんの家です」とかさねて聞くと、「あ、お大尽《だいじん》の家ですか」と青年は言う。ああ、その生家は「お大尽」とよばれていたのか、とおもいました。

お大尽というのは物持ちという意味ですが、かといって土方歳三家は、名字帯刀の家ではありません。ふつうの大百姓なんですが、しかしながら村ではお大尽と言われていた。それで、かれの生家の位置がわかりますでしょう。そこの末っ子だった彼自身も、そういう雰囲気のなかで私の前に出てきます。

私はいつも、ほとんど事前に調べていくものですから、現地で調べることがないのです。ただ、現地にゆくと、書斎で考えているのとはまったくちがう想像がうまれてきます。土地カンと言いますか、その人が生まれ育ったり、長く住んでいたりしたところを訪ねることで、たとえばその人が植えた庭の矢竹を見たり、庭からながめた山を自分もながめたりすることで、その人を肌で感じることが多いのです。

私は土方家に入ってゆきました。土間で、土方家のご当主の康氏にお会いしました。お会いした以上は、なにかお話ししなければいけませんでしょう。だから、場つなぎのようなつもりで、「土方サイゾウといっておりましたですか、トシゾウといっておりましたですか」とおたずねしたんです。この土方康氏は、篤実そうな、農業協同組合の理事といったタイプのかたでしたが、こうです、という断定的な答えをなさらず、非常に科学的な答えのされかたをした。

きます。

「ええ、このあたりでは、みなトシさんと呼んでいました」

このかたの人柄にもうたれましたが、そうきくと、「トシさん」が急にその辺の村の道を歩いているような気がしました。そういう現実感を得んがために現地へ私はゆきます。

ところで、この土方家は、むかしの素封家《そほうか》によくあるように家伝の薬というものがあって、それを製造していました。村の名をとって〝石田散薬〟と言っていた。打身の薬です。効くか効かないか、よくわからないんですが、明治になって薬事法が制定されてから、役所で分析しなければならないということになって、分析してもらったところ、効くべき性能はひとつもない、と言われたそうです。

ご当主はそういって笑っておられました。その紙袋も見せてもらいました。

石田村の近くを、多摩川の支流である浅川という川が流れています。その河原に自生している雑草が、この〝石田散薬〟の原料なんです。これを蒸し、砕いて散薬にするんですが、この雑草を刈るのは土用のうちの一日でなければいけないのです。昔の薬は、どれもそうなのですが、縁起をかつぐんですね。だから、一日のうちに浅川で刈って、それを土方家の庭に据えられた釜でグツグツ煮る。その作業をシステマティックにやらないと、一日で終わらなくなる。川で刈る者、それを運ぶ者、陰干しする者、ナマ乾きの草を釜に抛《ほう》りこむ者、釜からあげる者、さらに薬研《やげん》で磨《す》る者、袋に入れる者、これが全部一日でできるのかどうかはわかりませんが、ともかく大人数が要《い》る。そのためです。村中を動員するわけです。

大人数を動かして作業を進めるためには、組織が要りますし、それを運用する頭が要りますですね。それを歳三が好きで、十四歳のころからやっていた。ともかく彼は、この日は村中を指揮するわけです。彼はそういう組織を動かす仕事が好きだったし、この薬作りの経験を積みかさねながら、組織はこうあらねばならぬ、ということを考えていったんだろうと思います。

あ、これか……土方歳三の組織への情熱や感覚の土台を、これが作ったのか、と思った。そういうことから、私はだんだん土方歳三に興味をもっていったんです。

私は土方歳三という人を一所懸命みつめているうちに、彼のことが少しわかってきた。そこで小説に書いたわけです。それは新選組と土方との関係、と言いますか、彼が新選組をどのように考え、どのように作り、動かしていったか、ということなんです。

新選組というのは、日本人が最初にもった機能的オルガノンなんですね。当時、たしかに藩というものがありましたが、これは人を養っている組織というか、機構であって、ある統一的な目的をもったシャープな組織ではない。組織の名に価いするものでは、新選組が開祖です。これはやはり、日本の文化史上、特筆大書すべきことで、その新選組が誕生するのは、文久三年の春ですね。

なんで彼らがこんな組織を発明したのか、それが不思議でしようがなかった。使っていることばだけでも、非常に新鮮な感じがする。たとえば局長とか、副長助勤とかいうことばですね。

これは実は、前からあったことばで、昌平黌《しょうへいこう》の寄宿舎の寮長補佐のことを、舎長助勤というんです。昌平黌の寮生活は、旧制高校の寮を想像してもらえばわかる。寮の委員長を舎長と言い、委員長補佐のことを舎長助勤と言っていたんです。

新選組の成立当時、山南《やまなみ》敬助という、仙台藩を脱藩してきた、ちょっとしたインテリがいたんですが、彼が江戸で昌平黌と関係のある連中とよく付き合っていますから、まァ彼あたりがそんなことを思いついたのかもしれない。

新選組のシステムでは、統率者が局長の近藤勇であることは、明快ですね。だが指揮者は副長の土方歳三なんです。局長を神聖視して上に置いて、現実に手を汚す指揮は副長がおこなう。その副長に助勤がくっついている。ヨーロッパ風の軍隊でいうと、副長は中隊長、助勤は中隊長を補佐する中隊付将校です。中隊付将校はまた、それぞれの小隊を指揮する小隊長である。新選組のシステムは、この軍隊の制度そのままなので、オランダかフランスかの中隊制度から学んでいる、ということがわかります。

これをアレンジして、彼自身が中隊長になり、局長は統率者としてさらにその上に置いておく。責任は全部副長のところにくる。彼が腹を切れば済む。局長はそうする必要がない。責任は副長のところで止まる。ここいらの組織感覚は日本的とも言えますが、システムはヨーロッパ風、ことばは昌平黌などからとってきている。ともかくもそうして、一つの組織をつくりあげたというのは、たいへんおもしろいことですね。

土方の新選組における思考法は、敵を倒すことよりも、味方の機能を精妙に、尖鋭《せんえい》なものにしていく、ということに考えが集中していく。これは同時代、あるいはそれ以前のひとびとが考えたことのない、おそるべき組織感覚です。個人のにおいのつよすぎるさむらいのなかからは、これは出てこないものです。

たとえば加賀藩などのちゃんとした藩士が脱藩して、新選組に入ったとしても、ちょっと考えつかないものでしょうね。こういう鋭い組織感覚は、日常戦闘している者でなかったら考えられない。

百姓、町人、とくに町人です。自分の生き死にを賭けて商売していたりするときに、こういうことを思いつくことができるのでしょう。百姓にもそういう場合がありますし、漁師の場合でも、システマティックに動かないと漁ができないことがある。が、さむらい、とくに江戸のさむらいは、そんなことは知らないし、考えられない。

そこで土方の生い立ちが問題になるわけですね。

（『手掘り日本史』毎日新聞社、一九六九年六月）

第二部

無名の人

書斎でものを調べていると、思わぬ人物に遭遇したりする。むろん、歴史上の人物である。芝居で言えば、主役ではなくわき役のような人、あるいはわき役ですらなく、舞台（この場合、歴史と言ってもいい）の上手《かみて》から下手《しもて》へすっと一度だけ通り過ぎてしまうだけの人に出くわして、この人物はいったいどういう人なのだろうと、ひどく気になったりする。おそらく気になるだけの何か霊気のようなものを、その人物がもっているのかもしれず、そうとしか思いようがないのは、最初わたしの前に現れるときは、名まえだけでしか現れないからである。顔もわからず、出身地も身分も経歴も思想もわからず、名まえだけが、記録のすみにちらりと出ている。同時に出ている他の人名が気にならず、その人名だけが気になるというのは、やはりどこか、その人物に名状しがたい何かがあるのではあるまいかと思う。少し大げさだが、その何かを、仮にその人物がもっている霊気と言ってもいい。と言うと、変に宗教めくが、わたしの書斎での作業というのは、そうした気分のものなのである。

初めは名まえだけで出てくるが、一年ほどたって別な資料を別な目的で見ていると、不意にその人物のことが出ていて、たとえば出身地だけがわかり、ああ、かれはあんな遠国の出身だったのか、などと、もうそれだけで、わたしの頭の中の「かれ」がにわかにいきいきと動き始めてきたりする。さらにまた別な機会に別な資料を見ていると、そこにも「かれ」がひょっこり出ていて、しかも、かれの経歴なり、かれの作った歌や詩なりが出ていたりすると、もうわたしは、かれがわたしの机のそばまで寄ってきてくれたような思いがして、思わず声をあげたくなったりするのである。わたしはそのようにして、わたしの書斎に居住しているひそやかな友人を幾人ももってきた。

「所郁太郎《ところいくたろう》」も、そのうちのひとりである。

かれは、歴史の舞台にただ一度だけ、それもほんの一瞬登場する。時代は幕末である。

所は、山口の郊外である。

この当時、長州藩は薩摩《さつま》藩と共に時代のさきがけをなしていたが、この藩にも保守派があり、幕府と協調していこうという立場をとって、倒幕派の高杉晋作《しんさく》などと対立していた。高杉らのグループに井上聞多《もんた》という人物がいる。聞多は、後に馨《かおる》と改名し、明治初年、日本の財政面を受け持ち、その基礎づくりに功があった。しかし、この事件の当時はまだ三十を越えたばかりの少壮のころで、幕末の殺伐な政治情勢の中で奔走していた。その事件というのは、どうも血なまぐさい。暗殺である。元治元年九月二十五日の夜、山口の政事堂で藩の会議があり、聞多はそれに出席した。その帰路、自宅に近い袖解橋《そでときばし》のあたりまでさしかかった時、数人の凶刃《きょうじん》に襲われ、さんざんに切られ、瀕死《ひんし》の重傷を負ったという事件である。

従僕の知らせで兄の五郎三郎が駆けつけると、聞多はすでに虫の息であり、かろうじて「兄上」とつぶやいただけで、あとは声を出す体力もない。家にかつぎ込んで医者を呼んだ。ふたりも医者を呼んだ。ふたりとも、

「とても」

と、五郎三郎に向かってかぶりを振ってみせたのは、とても助からないという意味であったろう。事実、十三箇所に大小の傷を受けており、呼吸までが切迫してきて、しかもよほど痛むらしく、しきりに兄の方に向かい、首をうってくれという意味の手まねをした。介錯《かいしゃく》をしてくれ、と言うのである。武士が切腹をするとき、その首をうつ役めがある。それを介錯と言う。が、この場合の聞多の言う意味は、「この苦痛か

らのがれるために、自分に愛情の刃《やいば》を加えてくれ」ということであった。

昔の武士というのは、勇猛で殺伐な精神と習慣とをもっている。この習慣からすれば、この場合――後の世には通用しないが――五郎三郎としては介錯してやるのが、武士として同胞としての愛情の道であった。少なくとも、五郎三郎はそう思った。かれが伝家の刀を抜き、弟のそばに片ひざを立てた時、この兄弟の母親が声をあげ、聞多のからだに背後から抱きつき、五郎三郎に向かい、

「弟に介錯することが武士の情けというなら、やむをえぬ。この母と共に、あわせて切れ」

と叫んだため、五郎三郎も大いに驚き、刀をさやに収めざるをえなかった。

この騒ぎの最中、きわめて偶然ながら、この家にはいってきた人物がいる。

所郁太郎である。

話の結末から言ってしまえば、この所郁太郎が重態の井上聞多に外科手術をし、ほとんど死の寸前にあった聞多をよみがえらせて、後に、歴史の舞台に送り出すという役割を果たすのだが、所郁太郎とはどういう人物なのであろう。

かれは、長州人ではなく、美濃《みの》出身の浪人で、憂国の情を押さえかねて志士になり、この時期、長州藩に身を寄せていたものらしい。それに、井上聞多に外科治療を施し

た以上、医者あがりの志士であることはわかる。さらに、ただの平凡な医者でなかったことは、ふたりの長州藩の医者が手のつけようがなかったこの重傷者に対し、みごとに一命をとりとめさせたことでもわかる。

「聞多、聞こえるか」

と、郁太郎は、この友人の耳元に口をつけて叫んだ。励ますためであった。

「わたしは所郁太郎である。きみは苦しいであろう。この苦痛からのがれるために死を選ぼうというのは、安易である。わかるか、きみの背後からきみを抱きしめておられるのは、きみの母上だ。母上がきみに生きよと仰《おお》せられているのだ。きみは生きねばならぬ。わたしは、きみを生かすために手術をする。手術は苦痛をともなうが、きみは生きるために耐えねばならぬ。満身の気力を奮い起こして手術の苦痛に耐えるのだ。よいか」

聞多の顔に深い感動の色が現れたというから、聞こえたのであろう。

が、郁太郎は手術道具を持っていない。たまたまこの屋敷に数日前から畳屋がはいっていたので、畳針がある。それを使った。傷口の消毒には焼酎《しょうちゅう》を使った。むろん麻酔などは実用化されていない時代であり、そのままで傷口を縫うのである。

郁太郎は刀の下げ緒《お》でたすきをかけ、縫うことにとりかかった。聞多が案外痛みを訴えなかったのは、すでに知覚を失い始めていたためかもしれなかった。郁太郎は危険を感じた。やがて、右のほおからくちびるにかけての傷を縫い始めた時、激しく痛みを訴えた。

「生きる力があればこそ痛むのだ」

と、郁太郎は聞多を励ます一方、自分でもこれは助かるかもしれぬと思い、喜んだ。手術は午後十時ごろから始まって、午前二時に及び、五十幾針を縫ってようやく終わった。この間、ふたりの医者が助手として働き、さらに、患者がからだを動かさぬよう、母親と兄の五郎三郎が、四時間の間ずっと、からだを押さえ続けていた。

井上聞多は奇跡的に助かったが、しかし人間の運命はわからない。助けたほうの所郁太郎は、この翌年の二月チフスにかかり、三月十二日、故郷でもない長州藩領吉敷《よしき》郡《ごおり》で病没し、歴史の中で無名のまま消えた。

——どういう青年だったのか。

ということが、この井上聞多の遭難のことを調べて以来、わたしの心のどこかのすみにわだかまり続けていたが、ある時、山口県の明治初年の記録を調べていると、その記録に、

「美濃　所某《ぼう》」

とあって、数行の文章が出ていることを発見した。それによると、沈着な性格で、ことばづかいは穏やかであり、第一流の人物という印象があったと、短いながらも紹介されている。

さらにその後、大阪の蘭学医《らんがくい》緒方洪庵《おがたこうあん》のことを調べていた時、思いがけなく所郁太郎の名まえが出ているのを発見した。

ついでながら、緒方洪庵は幕末における最大の科学教育者で、その塾は適塾《てきじゆく》と言い、ここから多くの人材を輩出している。その塾の建物は今も大阪に残っており、塾生名簿とも言うべき入門帳も残っている。その帳簿には入塾生六一一人の名が記載されているが、その中に、なんと、

万延元年八月十五日入門　濃州赤坂駅　所郁太郎

と、郁太郎自身が書いたらしい筆跡で、ありありとその名まえが出ているのである。

（きみは、こんなところにもいたのか）

と、わたしはこの入門帳のこの筆跡を見た時、息を忘れるほどの感動を覚えた。

その後、かれのことを調べるともなしに調べていくうちに、さまざまのことがわかってきた。美濃は今の岐阜県の南部である。赤坂駅の「駅」とは宿場のことで、かれ

は、今の地名でいう岐阜県大垣市にあった造り酒屋で生まれ、幼時近所の医師所家へ養子にやられ、やがて医師になるべく方々に遊学した。京の蘭学者についたこともあり、越前《えちぜん》大野という雪深い土地の城下町へ勉強に行ったこともある。大阪の緒方洪庵塾にはいったのは、二十二歳の時であった。洪庵塾では、オランダ語のほか、おもに病理学と外科学を学んだようである。

その後、時勢に対する憂悶《ゆうもん》を押さえがたく京へ上り、志士として国事に奔走し、やがて浪人の身ながら長州藩の嘱託のようなかたちになって活躍していたらしい。この当時、幕府が天下の諸大名を動かしてこの藩を征伐しようとしていたために、長州藩は滅亡の危機にあった。所郁太郎は、そういう長州藩を救うために、長州閥ではないながら、この藩内であれこれと奔走していたのであろう。その時期に井上聞多の遭難があり、且《か》つほどなく、かれ自身が病魔のために倒れるのである。

緒方洪庵塾ではよほどの秀才であったらしいが、その生涯はわずか二十七年であり、志士としてはまったく無名で、記録にとどめられるような功績は何もなかった。その生を終わる時、おそらく死にきれぬ思いがしたであろう。

が、かれの師の緒方洪庵という人は、医者の道を説くことのやかましかった人で、常々、

「医者というのは、人を救うために人の世で生きているもので、自分のために生きているのではない」

と言っていたから、そのよき弟子であった所郁太郎も、たとえ志《こころざし》中途で死んだとはいえ、ひとりの人間をその死の寸前から救ったことだけで、自分の短い人生にじゅうぶん意義があったと思っているかもしれない。

所郁太郎には、一葉の写真が残っている。旅の武士姿で、笠《かさ》を持ち、草の上に片ひざをついている。その秀麗な横顔を見ていると、なにやら、右のような意味のことを、いまにもつぶやきそうに思われてくるのである。

（『中学校国語　二』学校図書、一九七五年一月）

ペリー・ショック──「排日問題の原形」より

まだ、サンフランシスコ郊外の日本人墓地にいる。

この墓地にいる死者たちのなかでいちばん先輩は、一八六〇年、幕府の遣米使節をのせてこの港に入った咸臨丸《かんりん》（艦長・勝海舟）の水夫たちである。みな、苗字《みようじ》はない。

咸臨丸が日本に帰航したあとも、病人たちはこの市の海軍病院に残っていた。最初に、火焚《ひた》きの峯吉《みねきち》が死んだ。三十七歳、長崎の人である。他の二基にくらべて、かれの墓碑が一段とりっぱな上に、その墓碑銘（英文）には「日本皇帝の命によってこれを建てた」と書かれている。皇帝とは、将軍のことである。建立者《こんりゆうしや》はC・W・ブルックス（Brooks）というひとで、サンフランシスコ在住の貿易商だった。かれは、極東の神秘的な弱小国に無限の愛情をもっていた。

ブルックスは、咸臨丸がやってくる前（つまり日本使節がはじめてこの国に出現する以前）すでに〝自分は日本国の領事です〟と言いまわっていた。むろん、その動機は名誉心からではない。アメリカ人をしばしば特徴づけてきた少年のような義侠心《ぎきょうしん》と無償の善意から出ていた。

かれにすれば、死者峯吉は皇帝（将軍）の命で米国にきた。さらには〝皇帝の領事〟である自分が葬る以上、その埋葬《ほうむ》は皇帝の命であらねばならぬ。ブルックスは墓碑銘を草《そう》するにあたってそう思ったにちがいないのである。江戸期を通じ、将軍の〝命〟で葬られた栄光ある死者などはいない。いるとすれば、サンフランシスコで眠っている火焚きの峯吉以外にない。となるとこの墓碑銘によって峯吉さんは死者ながら最初に封建的身分を脱した人ということになる。

他の二基は香川県の塩飽《しあく》列島佐柳島の富蔵（二十七歳）と、おなじく青木浦の源之助（二十五歳）のものである。

ついでながら、C・W・ブルックスは慶応三年（一八六七）徳川慶喜《よしのぶ》の辞令で、ほんものの領事（最初のサンフランシスコ領事）に任命され、幕府瓦解《がかい》後も留任し、明治八年（一八七五）に辞職した。この街に住む日本人にとっての、少数のよき庇護者《ひごしゃ》であった。

話がかわるが、旧幕時代、渡米して、自分が知らぬまに奴隷《どれい》に売られていた若い仙台藩士があった。ブルックスはこの若者をも救った。かれのために契約を破棄し、自由の身にしてやった。奴隷の青年とは、高橋是清《これきよ》（一八五四～一九三六）のことである。

高橋はその後、日本銀行に入って財政の腕をみがき、明治末年、日銀総裁、のち大蔵大臣などになった。昭和に入っても、かれの財政能力は衰えなかった。擡頭《たいとう》してきた軍部が、赤字公債などによって放漫な軍事予算を政府に組ませようとするのに対し、悪性インフレをおさえることに懸命になった。つまり軍事費をおさえた。このため青年将校のうらみを買い、二・二六事件（一九三六年）で、兇弾《きようだん》にたおれた。

高橋は平素思想的なことなどいわない人であった。ただ有能で温厚な財政の守護者として終始したが、かれが斃《たお》されたとき、軍部の太平洋戦争への道が大きく口をあけたともいえる。すくなくとも高橋のようなインフレぎらいの男が国家の財布をにぎっているかぎり、当時の軍部は中国侵略の経費さえ出なかったろう。

ともかくも、私は咸臨丸の三人の墓碑の前にいる。

詩的な気分にもなっている。この墓地で風に吹かれていると、つい国家や国家間の運命を単純化してしまいたい衝動に駆られる。つまりは物理学の作用と反作用の連鎖ではあるまいかとおもってしまう。

単純化とは、たとえば以下のようなことである。

「ペリーさえ日本に来なければ、かれら三人もサンフランシスコで死ぬこともなかったろう」

という、他愛《たわい》もない連想である。

M・C・ペリー大佐（のち准将《じゅんしょう》。一七九四～一八五八）は、有能で勇敢な海軍軍人であるばかりでなく、豊富な知的好奇心をもつ人物だった。ただユーモアを解しなかった。その欠点をのぞけば、新興国がもちうる申しぶんのない艦隊指揮者だった。

この時期、アメリカじゅうのほとんどの灯火は鯨油で、ヨーロッパやアジアのように菜種油をつかっていなかった。鯨油のため捕鯨業がさかんで、しかも獲《と》った鯨は油だけしぼって他は捨てていた。（いまのアメリカ人の教養のなかにそういう歴史知識が入っているのだろうか。おそらく忘れているだろう。）

ところで、ペリーよりも二十五歳下のハーマン・メルビル（一八一九～九一）に、名作『白鯨』（一八五一年）がある。メルビル自身、青春の四年間、捕鯨船の乗組水夫をやった人物なのである。

メルビルが鯨を追っかけていたのは、ペリーが艦隊をひきいて江戸湾に入ってくる（一八五三年）よりずっと前（一八四一～四四）のことで、そのころの体験が濃密に『白鯨』に反映している。

『白鯨』のなかで、

「日本近海の台風」

という現象が幾度か出てくる。ところが、メルビルがいうところの〝未知の閉ざされた国〟はアメリカの捕鯨船に避難港を提供しないばかりか、近づけば砲撃さえしてくる。まことに、アメリカの捕鯨業者にとって最大の敵であった。

——日本を開国させよ。

という声は、当時のアメリカ人一般が発したわけではない。捕鯨業者というただ一種類の業界が連呼しつづけた声だったのである。まことに日本の鎖国はアメリカの鯨とりたちにとっての損害だった。かれらはロビイストを使って政界に働きかけた。ペリーの艦隊が出てゆくにいたる発射薬はそれのみでないにしても、最大の要素の一つだった。

日米間の尽きざるゲームは、この一八五三年（嘉永六）においてはじまるのである。しかもペリーがやったのはドアを足蹴《あしげ》にしてぶちやぶり、ピストルをつきつけるような西部劇のやり方だった。もっとも当時はナマの西部劇の時代でもあったが。

それまでロシアなどからも通商の交渉にきた。かれらは慢性的な飢えの状態にあるシベリアに重荷を感じていた。いっそ近くの日本を開国させてシベリアへの食糧の供給元にしようという案がもちあがった。そういう動機でロシアの使節が日本にきた。ただフランス的教養をもつ当時のロシア人は日本の法と慣習と事情を尊重しすぎたために、つい紳士的になり、声も優しげで、結局は有効でなかった。

日本における幕末の騒乱はペリーのドア破りからおこり、十五年後に明治維新が成立した。明治維新を善であるとすれば、ペリー・ショックの大きさは十三世紀の元寇《げんこう》などとはくらべものにならない。墓地は、そういうことを考えさせるのである。

同行のA君が、花屋をみつけてきて、咸臨丸の三人の水夫の墓前にそなえた。源之助、峯吉、富蔵。かれらの墓碑にむかい、私どもはどういうことばを捧《ささ》げるべきか。たとえば、あなたたちは日米親善の礎《いしずえ》であった、とか……。

しかし、それはかれらにとってそらぞらしすぎるだろう。かれらは、武士以外の、つまりあとの九〇パーセントの階級に属していた。江戸期の庶民には国家への責任はなかった。従ってかれらは、希望して太平洋を横断してきたわけではなかった。

もっとも、長崎の峯吉だけは早くから幕府の長崎伝習所に傭《やと》われて汽缶《きかん》の火焚き役をしていたから、乗船は当然だったといえる。

他の両人は、讃岐《さぬき》（香川県）の塩飽《しあく》の島々のひとである。この島々は十二、三世紀から海賊として世にあらわれ、豊臣期には船方《ふなかた》になり、徳川期にもひきつがれた。私は実見していないが、江戸初期の海運家河村瑞賢《ずいけん》（一六一七〜九九）の『海運記』では「塩飽の船隻は特に完堅精好。……其《その》郷民亦淳朴《またじゅんぼく》」と塩飽を激賞しているそうである。かれらは平素は漁業や回船のしごとをしているが、いざ合戦となれば徳川家の船方になることになっていた。

ただかれらにとって乗り馴《な》れた千石船ならいいのだが、近代的な蒸気軍艦の乗員を命ぜられたのである。

幕府の近代教育は、拙速だった。長崎に医学所を設けても薬剤師や看護婦を養成せず、海軍伝習所を設けても、幕臣の子弟をあつめて士官だけを速成教育し、下士官・兵は養成しなかった。にわかに乗せられた塩飽の若者たちが、操帆できるわけでもなく、西洋式の艦内規律どおりに身動きができるはずもなかった。

「なんだ、あのだらしない連中は」

という意味の述懐を、同艦に客分として乗艦したジョン・M・ブルック（Brooke）大尉《たいい》はその回想記のなかでもらしている。ブルックは日本沿岸を測量していた米国海軍の測量艦の艦長で、浦賀で艦が難波したため、その部下とともに咸臨丸に乗ったのである。

「一切ブルックの助力は借らない」

と、軍艦奉行（将官）木村摂津守《せっつのかみ》（芥舟《かいしゅう》）の従僕《じゅうぼく》だった福沢諭吉が『福翁《ふくおう》自伝』にと書いているが、実際には咸臨丸はブルック大尉とその部下たちのおかげで操船上の危機を幾度か脱した。ブルックは、船乗りといういわば職人としての立場でしか乗り組みの日本人を見なかった。たとえば艦長の勝海舟を単なる船酔い病者としてしか見なかった。

ともかくも、嘉永六年（一八五三）はじめてペリーの蒸気船を見た日本人が、わずか七年後にその蒸気船に乗って太平洋を横断してきたのである。この横断については、駐日総領事T・ハリス（一八〇四～七八）が、とても日本人の技術ではむりだ、といったが、幕閣はこれを強行した。

「ペリーがやってきたようにしてわれわれもその航海のやり方でむこうへゆく」

という気分が幕閣にあったのである。ペリー・ショックはこういう形で反作用現象をおこした。それをけなげさとしてはブルックはみず、職人としての優劣でみた。そういう意味で、かれはアメリカ人らしく男性的な男だったといえる。

余談をつけ加えると、嘉永六年の黒船さわぎのとき、おれたちでもあれを造ってみようと思ってげんに三年後にそれぞれ国産の蒸気船を造った藩が三つある。佐賀藩と宇和島藩はオランダ語の本をみて造り、薩摩《さつま》藩も似たようなことをやった。日本はそういう変な国だというとらえ方を、卓《すぐ》れた外交官であったハリスでさえしなかった。ハリスは、ただ日本役人に接した経験として「如才ない逃げ口上、見えすいたウソ、正直の美徳を欠いている」とのみ見、大きな立場から日本という国の文化の特異さを見ようとはしなかった。「彼らのすべての虚飾は、自分の共和主義の志向とは相容《あいい》れないものだ」（カール・クロウ著『ハリス伝』田坂長次郎訳。東洋文庫）と、みずからの文明意識をのみ基準とした。

こういうハリスのやり方は、二十世紀後半に入ってアメリカの時代がきてもつづいている。自分の文明主義を尺度として全世界を批判し検断し、このため第三世界における ソ連との角逐《かくちく》において多くのむだ骨を折った。

考えてみれば、明治後、ペリーに対してもハリスに対してもかれらを開国の恩人と見、戦後、あきらかになったブルック大尉の功に対してもそれを扱った諸著作は好意をもってふれている。たいていの日本人は、自分たちの近代の成立にとってアメリカがどういう役割を果たしてくれたかということを知り、好意をもっている。

「日本人は他国をみる場合、たぶんに情緒的になる」

という意味のことをあるアメリカ人の著書で読んだ。たしかにわれわれはペリーでさえ開国の恩人とみている。その基礎に情緒的なアメリカ好きの感情がある。しかし、アメリカ人の場合はちがうだろう。目前のテーマについて明晰《めいせき》な論理を構築することがすべてで、その場合過去の歴史的事情などを情緒的に加えない。たとえ親日・知日派であってもである。その点、かれらのほうがわれわれより男性的なのである。

さて、話を咸臨丸の三人の死者にもどす。

かれらは、死者としてその母国から国家的厚遇をうけたわけではない。前王朝の海軍乗組員であったために、革命政権の申し子である日本海軍からも長く弔慰されることがなかった。

どの国でも、軍艦が外国の港に入った場合、その土地に眠る海軍軍人の墓には、艦長以下儀礼をただして墓参するのが慣例である。明治海軍は、ながくそれをしなかった。（いまの海上自衛隊がやっているかどうかは知らない。）

すくなくとも、この墓は明治三十年（一八九七）まで荒廃していた。サンフランシスコの日系人赤羽根忠右衛門（?～一九一八）がこのうちの二基をさがし、私的に寄付金をつのって墓地を改修した。

その後、東京日本橋の商家のうまれの文倉平次郎という人が、峯吉の墓を発見した。

文倉平次郎という人は、サンフランシスコで十数年苦学して、私的な興味から「日米交通史」の研究をした。その後、古河鉱山に入社し、停年後、咸臨丸の研究にうちこんで、名著『幕末軍艦咸臨丸』(昭和十三年・巌松堂《がんしょうどう》)をあらわした。かれは、砂中にうずもれた峯吉の墓をみつけ、みずから掘りだし、領事館その他の協力で墓所の改修をした。明治三十一年のことである。このように、咸臨丸の死者についての調査や研究は、すべて民間人によっておこなわれた。

まだ日本人墓地にいる。日米交渉史(あるいは日米間の原形的な課題)を考えるには、墓地以外に最適の場所はない。

書物においても似たようなことがある。新刊本には新鮮な果実のような魅力はあるが、こくのある醱酵《はっこう》食品のような古本の魅力に、しばしばおよばない。

さきに引用した『日米文化交渉史』*も十分に酵熟した古本といわねばならない。その編纂《へんさん》は米軍の占領期間にくわだてられ、占領がおわったあと、刊行のために半官半民ともいうべき協会がつくられ、昭和三十一年、第一巻が出た。「月報」の神川彦松氏(編纂委員)の文章を読むと、米国側の協力もあったらしい。

それはともかく第一巻の「はしがき」はごくみじかい文章だが、日米関係の原形を的確に概括している。こういう場合の的確さというものは、筆者の意図とはかかわりなく、歴史の悲しみを読む者に感じさせる。以下、引用する。

ペリー遠征このかた世紀間の日米関係は、これをアメリカ側から見ると、ミシシッピー艦（注・ペリーの搭乗艦《とうじょうかん》）と、ミズーリ艦（注・日本の降伏文書調印につかわれた艦）という二つのMによって象徴されるところの光栄から光栄へ進む偉大な記録である。独立を得て僅《わず》かに七十年で、当時なお世界列強中の尻尾《しっぽ》にくっ付いていたアメリカは、このわずか百年の間に躍進をつづけて、世界の先頭に立つ超強国となった。このような急速な一国の膨張・発展というものは、まことに世界史上、空前であるといって過言でないであろう。

転じて、同書は日本側について語る。

ところが、この同じ日米関係を、日本側から見ると、うってかわって開国から亡国への歴史である。

まことに幕末以来、昭和三十一年の時期までの日本は、この二行に尽きる。

さらに筆者はつづける。

（日本は）忽《たちま》ちにして興って、一時、よく世界強国の列に伍《ご》したが、やがて忽ちにして破滅したところの光栄（グローリー）から墳墓（グレーブ）への歴史である。

以下は、補足された述懐というべきものか。

広い太平洋を隔てて相隣し、一方は西洋文明を代表し、他方は東洋文明を代表した日米両国のこの対照の著しい百年の歴史は、世界史上でも、いろいろな意味で最も興味ある一節であり、人類に多大の教訓を与えるものであると思われる。

だから編纂した、というのが同書の趣旨である。

私の意識は、なおサンフランシスコの丘陵上のグレーブ（墳墓）のむれのなかにいる。

が、同時に、自宅の書斎にもいる。

卓上に、訳者の徳岡孝夫氏が贈ってくれた『アイアコッカ』(ダイヤモンド社)という新鮮な本がある。この自伝の著者リー・アイアコッカ(一九二四〜)は、イタリア系二世で、その社会ではユダヤ系に次いで差別されてきた。私とは一歳下だが、かれは戦時中、理工科系の大学にいたために徴兵されず、私の場合、文科系だったために徴兵された。むろん私の属したのは日本側だが。

かれは戦後、フォード社に入り、技術畑でなく営業を志した。三十六歳でこの世界第二位の大会社の最大部門の総支配人になり、次いで社長になった。ところが、五十四歳のとき、突如、社主から解雇された。しかし二週間後に、フォード社の競争相手で、しかも危篤《きとく》状態にあったクライスラー社に社長としてまねかれ、しかもみごとに立ちなおらせた。さらにはかれはそういう気はないと書いているが、この人を大統領にしたいという声はいまなおつよい。

アイアコッカ氏が、ある人がこういった、として書いている。

「なぜ、みんながあなた(注・アイアコッカのこと)を大統領にしたがるか、わかりますか。理由は簡単です。国民は、もうだれを信じていいのかわからなくなったのです。そこへあなたが現れ、彼らに語りかけ(注・かれはテレビ——といっても自社のコマーシャル――によく出る）信じさせ、約束を実行した。裏切らなかった。アメリカ国民は、裏切られ続けてきましたからね」

この言葉は、平均的アメリカ人の本音かもしれない。アメリカ市民ぜんたいを儲《もう》けさせる、豊かにさせる、それだけを保障するのが大統領であるはず、というのである。であるのに、その〝期待〟をどの大統領も裏切りつづけたじゃないか、と解していい。考えてみると、アメリカというのは、まことにあっけらかんとした国である。それだけに、アメリカの儲けを阻《はば》んでいる相手には、これほどどすのきいた国はない。そのことは二十世紀初頭前後の凄惨《せいさん》な日系人排斥をみればわかる。

「アイアコッカ」

というのはイタリア系の苗字《みようじ》である。苗字である以上に、この名はこんにちアメリカ的成功の象徴でもあり、ファンによってはアメリカの未来を託したいという希望の名にまで高めている。かれは、反日家とされる。が、かれはそれを否定している。私も、かれの文章ぜんたいから推して、感情的反日家というような狭隘《きようあい》を感じない。〝日本が阻んでいる〟場合、アメリカの論理を鋭くすれば反日言辞を吐かざるをえないのである。かれは『アイアコッカ』の一章である「日本の挑戦《ちようせん》」のなかで、

「……アメリカは、いま再び日本と大戦争を戦っている。さいわい戦死者の出る戦争

でないからいいようなものだが、アメリカ政府がそれを正しく貿易戦争として把握《はあく》しないために、われわれは敗北に向かって真っしぐらに進んでいる」

おそるべき激越さではないか。こういう文章が、平和な国家間で書かれるという例は、そう多くない。

さらにかれはいう。「はっきり申しあげておきたいが、日本との経済戦争は、アメリカの将来を決定する戦いである。相手はきわめて強大。あらゆる条件が同じなら、われわれも連中と生き残る幸運があるかもしれない。ところが、条件が平等になっていない」

つまり、日本はフェアでない、というのである。ほとんどヒトラーの演説のように扇動的な文章であり、一八五三年、ペリーに日本のドアを蹴《け》やぶらせた当時の捕鯨業者の感情に似ている。

ただこの稿を書いているとき、アイアコッカ氏は東京にきて外国人記者団の共同会見に応じた。かれの東京での発言は、ペリー的ではなく、むしろハリスのようにやわらかかった。といって、かれの論理があいまいになったわけではない。

この丘（日本人共同墓地）の一隅《いちぐう》に、一基の記念碑がある。十字架を抱いた、やや

大きめの石造の碑で、

「同胞の父、ストウヂ博士記念碑」

と、日本文字で刻まれ、さらに日本文字で「コリント前書」の十三章のことばも刻まれている。

「愛は長久までも絶ゆることなし」——私はポケットからカメラを出して碑面を撮った。日本の改良のおかげで、カメラは文房具になった。が、十数年もつかってきたために、出来あがりは、碑面はまぼろしのように白っぽくなり、字が読めない。DR. E・A・STURGEという文字だけは読める。それに1856－1934。

おそらくスタージ（と日本表記するのか）博士という人は、排日時代、ゴミのように扱われた日系人のために庇護《ひご》してくれた人なのであろう。

日本は安政元年（一八五四）に開国した。一九〇二年前後から日本からの移民がこの州にあふれ、このため排日運動がおこった。そういう困難な時期に、この碑の博士は果敢に日系人をかばい、愛をもって慰めつづけてきてくれたのにちがいない。

こういう行動的な善意は、しばしばアメリカ人気質を特徴づけるものだということは、すでにふれた。博士の精神も、アメリカの風土から孤立したものではない。

ところで、明治大学の吉田忠雄教授に『国辱』（経済往来社）という著作がある。

「〝排日〟移民法」といわれたものの日米双方の軌跡を冷静にたどったもので、どぎつい書名で印象づけられるような内容のものではない。

ついでながら、明治以後〝国辱〟ということばがマスコミで肯定的につかわれた場合、ろくな結果になったためしがない。語感のなかに扇動的要素があり、ときに民衆を一定の方向に導こうとする場合につかわれた。いまは冗談以外にはあまり使われない。

一九〇六年といえば日本では日露戦争がおわった翌年で、アメリカでは日系人排斥運動がまっさかりであった。このとしの四月十八日、サンフランシスコで大地震がおこった。これに対し、日本中で募金運動がおこなわれ『国辱』によると、募金は二四万ドルを越えた。この額は全世界からの救済金の総額をうわまわっていたという。しかしそういうことぐらいで、サンフランシスコでの排日運動はやわらがなかった。それとこれとはべつの次元だということが、この一事でもわかる。

一方、日本では関東大震災（一九二三年）がおこった。このときアメリカはさきの二十四万ドルの五十倍の千二百万ドルという多額の義捐《ぎえん》金を送ってきた。でありつつもその翌年、アメリカは「〝排日〟移民法」を制定しているのである。これによって〝排日〟がいかに感情的要素をもとうとも経済的な問題であることがわかる。双方の義捐金というのは、それとは別個の善意の問題なのである。

さて、

「善意」

について書こうとしている。

咸臨丸の太平洋横断航海（一八六〇年）のときも、客であるブルック米海軍大尉《たいい》が、このなかで物事ができるのは中浜万次郎（幕府の軍艦教授所の教授）ぐらいのものじゃないか、という旨《むね》のことを書いている。

当然なことで、万次郎は十四歳のときに漂流してアメリカの捕鯨船にひろわれ、操船を実地に身につけただけでなく、その後、救助してくれた船長の無償の善意によりフェアーヘブンの町で養育された人なのである。その間、私塾《しじゆく》で数学などを学ばせてもらい、かつバートレット校にも進学した。かれはここで、高等数学、測量術、航海術などをまなんだのである。首席で卒業したといわれる。ブルック大尉が感心したのもあたり前のことで、このとき三十三歳の中浜万次郎はベテランの航海経験者だったし、平均的なアメリカ人よりも高い教育をうけてもいた。中浜万次郎についてのいっさいは、アメリカ人の善意の所産といっていい。

明治期、移民をのぞく渡米者は、たいていの人が、大なり小なり、万次郎が受けたような善意に遭遇している。ただしその多くは既成階級の多い東部でのことで、排日の拠点であった西海岸でのことではない。

明治外交史上の巨人である小村寿太郎（一八五五〜一九一一）にしてもそうだった。

小村という人は、その名声にひきくらべ、実際に貧相な体つきのひとだった。かれは明治初年、旧藩の貢進生にえらばれて大学南校に学び、明治八年（一八七五）から三か年、ハーバード大学で法律を学び、あと二年間はニューヨークの法律事務所で実務を研修した。

自分は……体は日本人の中でもこんなに小さかったにもかかわらず、学校の教師は自分を愛してくれた。そうして又学生等《ら》は自分を軽侮しなかったばかりでなく、かえって非常に尊敬していた。途中でもむしろ帽子まで脱いで敬意を表していたくらいであった。米国人の魂は真正の武士の魂である。弱い者を愛してやる。彼等の魂は名誉と義俠《ぎきよう》の念に満ちている。

これは、小村の談話である。武士だった小村がアメリカ人こそ武士だというのである。きき手は、小村の弟子ともいうべき書生の桝本卯平《ますもとうへい》(工学士・造船技師)であった。右の談話は桝本が小村の死後書いた『自然の人　小村寿太郎』(大正三年刊・洛陽《らくよう》社)にある。

小村寿太郎が、明治三十一年(一八九八)にふたたび渡米したのは、駐米公使としてだった。

このとき造船を実習させるため桝本工学士をもともなった。サンフランシスコに上陸すると、小村の青春時代とはちがい、排日運動がうずまいていた。

ところで、この時期、日本がサンフランシスコの造船会社に注文した軍艦「千歳《ちとせ》」の建造がすすんでいて、すでに進水まぎわになっていた。小村は、同工場に同艦の艤《ぎ》装《そう》員として造船所に通っている平部少佐に、桝本を職工として働けるよう会社に頼んでくれませんか、といった。当然、容易であるはずだった。一国の公使が、軍艦の注文国の海軍武官に、その会社の一工員の就職あっせんをたのむのである。ところが、少佐はかぶりをふって、

……桑港《サンフランシスコ》には居《お》れませんよ。日本人はどだい人間扱いされませんから。私共も困って居ます。下宿を捜してまわっても、日本人の居たあとは誰も借り手がな

い、といって幾ら金を出そうとしても置いてくれません。（同書より）

そういうひどさだった。

ただ、こういう情勢に接しても、小村が米国に対し感情的になった形跡はいっさいない。桝本が記憶している小村のこの問題でのことばは、二つしかなかった。

「加州移民問題はとうてい外交の力では解決すべき余地はない」

小村がそういったというのである。

つまりカリフォルニアでの排日問題は米国内部の問題であって、国家間の問題にしにくいということであろう。もう一つは、

「米国人の思想や感情は日本人の考えではわからぬ」

ということだった。表現をかえれば、日本側は米国をできるだけ理解せねばならぬ、日本だけの尺度でとらえて感情に走るな、ということだったのであろう。

（「読売新聞」一九八五年四月二十六、二十七、二十九、三十日朝刊）

＊財団法人開国百年記念文化事業会の編集による全六巻のシリーズ（編集部）。

幕末のこと

幕末の志士はほとんどが二十代だったが、長州人来島《きじま》又兵衛だけは四十代をなかばすぎていた。型としては、策士、論客のほうではなく、むしろ戦国時代の豪傑のようなところがある。

げんに長州藩が国もとの羽賀台《はがだい》で大演習をやったときの総指揮に任命されたほどで、その戦国武者の再来のような勇姿には、藩士一同見とれたという男である。

これがいい年をして志士の群れに加わり、四方に駆けまわって家庭をかえりみるまがない。妻子があった。妻はうるさく苦情をいった。長州藩といっても藩士の九割がどっちつかずで、そのつもりになれば来島家は上士の身分だから、平穏で小市民的な日常が送れたはずである。

元治元年、藩兵多数とともに京に武装陳情にゆくとき、その妻に、

「もうこれっきり、これっきり」

と片手でおがんで頼んだという。もうこれっきりで家庭人になるということであろう。

ところがそのまま京にのぼり、又兵衛は甲冑《かっちゅう》を着、馬上長槍《ながやり》をきらめかせて蛤《はまぐり》御門をまもる薩摩《さつま》兵の真只中《まっただなか》に斬《き》りこみ、真っさきに戦死してしまった。又兵衛の「これっきり」というのは、その死後哀話として志士仲間に伝わった。やはり来島又兵衛のような男でも、家庭というのは重荷だったにちがいない。

昭和十四年、九十七歳まで生きた土佐の田中光顕《みつあき》は、「ふりかえってみれば何でもなさそうだが、大政奉還のぎりぎりまで、あの徳川幕府が崩れるとはとても思えなかった。京坂に潜行していたころ、朝起きれば、生きていた、という思いが毎日した。生きのびたのは奇跡である」と語っている。

そういう革命期に、剣光影裏に出没するのはよほどの覚悟が要ったであろう。革命はおびただしく血を要求するものだ。それに参加するのは来島のような高齢の世帯持ちはむしろ稀有《けう》の例で、多くは独身者であった。子供の寝顔をみるときほど、男子の鉄腸《てっちょう》をゆさぶるものはないからである。

人が、容易に死ぬ。長州の高杉晋作《しんさく》が京都で同藩の同志数人とかたらい、将軍家茂《いえもち》の行列に斬りこもうと相談していたとき、他藩出身の浪人が訪ねてきて自分も一党にくわえてほしいといった。高杉は不愛想な男で、われわれは他藩士の手は借りぬ、長人でやる、とにべもなくことわると、その男は自分の武士としての覚悟を軽侮されたとおもい、

「わしがどういう人間か、みてみろ」

と軒下へとびだすなり、立ち腹を切って死んでしまった。そういう時代である。とても世帯持ちが割りこんでゆける雰囲気ではない。

自然、色ばなしがつきものになる。編集部は、それを要求している。オクタン価の高い色ばなしがあったのではないかと。私もちょっと考えてみた。が、色情などというのは変質者でもないかぎり、革命期だからといってここに印刷するに価いするほどの変わり型があるわけではなさそうである。ただその恋の形態は多少ちがっている。幕末像というものを、多少うかびあがらせることができる。

うらやましいほど女にもてたのは、坂本竜馬と桂《かつら》小五郎であったろう。後段に、「放蕩《ほうとう》型」の高杉晋作について触れるが、このふたりは芝居の月形半平太をすこしは連想させる「ロマン型」というべきものである。もっとも架空の人物である月形半平太ほど、このふたりは純情無垢《むく》にはできていないが。

竜馬は、恋文を書いている。平井加尾《かお》という才色兼備の女性に対してである。平井加尾は、当時土佐藩きっての名士とされた平井収二郎（隈山《わいざん》・のち切腹）の妹で、竜馬とは七つちがいの幼なじみであったといわれる。

加尾は、幕末の四年間、藩命により、土州侯山内家と姻戚《いんせき》関係にあった公卿《くぎょう》の三条家に出仕して京都にあった。京に出入りする土佐藩の志士の多くが、彼女の世話をうけた。のちに天誅組《てんちゆうぐみ》に加わった土佐の池内蔵太《くらた》などは、江戸から国許《くにもと》へ急行する途中、旅費にこまり、両刀衣類を売り、乞食《こじき》姿で京に入ったとき加尾はこれに自分の護身の刀と旅費をめぐんでいるし、池と同志の河野万寿弥《ますや》も、早駕籠《かご》で東海道をかけのぼってきて急病にかかり藩邸で生死もさだかでなかったとき、三条家からひそかに寝具を贈ってやっている。

その京の加尾にあて、竜馬は脱藩するとき一書を彼女のもとに送った。恋文なのである。これを兄の平井収二郎がきいて、大あわてで妹に忠告の手紙を急送している。

兄貴の忠告の手紙から紹介すると、

「坂本竜馬、昨二十四日の夜、亡命《だつぱん》。（中略）たとへ竜馬より如何様《いかやう》なることを相談致候《いたしさうらふ》とも、決して承知致すべからず候。固《もと》より竜馬子《し》は一廉《ひとかど》の人物なれども、書物を読まぬ故《ゆゑ》、時しては間違ひし事も御座候へば、よくよく御心得あるべく候」

とある。手ひどい警戒警報である。

竜馬が加尾に送った恋文というのはどうかというと、これも妙で、「天下の形勢切迫致し候につき」とまず天下国家から説き、「一、高マチ袴《ばかま》。一、ブッサキ羽織。一、宗十郎頭巾《づきん》。ほかに細身の大小、各々一揃《おのおのひとそろひ》御用意あり度《た》く存上候」というものである。

むろん、竜馬が着用するのではなく、加尾に男装させようとしたのである。男装させてともに天下を奔走しようとしたのであろう。

加尾はこの「恋文」をどううけとったか、よくわからない。ただわかっていることは、竜馬は恋文の出しっぱなしで脱藩後、長州、九州、江戸、京と影のごとく流転《るてん》し、加尾のもとにはついにあらわれなかった。どういうつもりであったのだろう。

竜馬は、玄人《くろうと》女を好まなかった。この点、頼山陽と似ている。才気のある素人《しろうと》娘が好きだったようである。

かれは江戸のころ、北辰《ほくしん》一刀流の桶町《おけちょう》道場の塾頭であった。師匠は千葉周作の実弟の定吉である。その娘にさな（佐那）子という美人がいた。さな子は女ながらも免許皆伝をもち、学問もある。竜馬に想《おも》いをよせた。

竜馬は、奔走時代も江戸に寄るとかならずこの桶町千葉屋敷にとまった。自然、さな子との接触が深くなった。

その竜馬が、最後に江戸を離れるとき、さな子は自分の慕情をうちあけた。

竜馬は驚き、(驚いたふりをしたのか)知らなかった知らなかった、と何度も頭をかきついには自分の紋服の片袖《かたそで》をひきちぎり、

「貴女《あなた》に贈る物をなにも持っていない。この片袖だけである。自分は風雲のなかに出てゆくから明日の命はおぼつかないであろう。結婚などはできない。せめてもの形見とおもっていただきたい」

といった。

竜馬はずるい。このころ京都の町医者の遺児でおりょう(於竜)という評判の美人とすでにできていたのである。が、師匠の娘にはそれを言いだしにくかったのであろう。

千葉さな子は明治後たしか華族女学校の教育に関係したと思うが、当時の華族女学校の卒業生のあいだには、「千葉のさな女さんは、坂本竜馬の許婚者《いいなずけ》だった」という通説があった。さな子自身それを信じて生涯独身をまもった。友達に竜馬の桔梗《ききよう》の家紋入りの片袖をみせては往時をしのんでいたといわれる。

竜馬と京娘おりょうとの関係は、講談本的な事件で結ばれた。おりょうの家は、父の楢崎《ならさき》将作の死後窮迫し、借金取りがやくざ者をそそのかして、あやうく彼等の手でおりょうの妹が大坂の新町に売りとばされそうにまでなったが、その危難を竜馬が救い、弟妹の落ちつきさきを世話してやり、おりょうを、当時志士の世話をすることで有名だった伏見の船宿「寺田屋」のおかみお登勢にたのみこんで、養女にしてもらった。

おりょうはこのとき二十三である。

竜馬が国許の姉乙女《おとめ》に書き送った手紙によると、「まことにおもしろき女にて、月琴をひき申候」とある。才女です、という意味であろう。月琴というあたらしい楽器をひく女というのは、当時ではそれだけで一つの雰囲気があったにちがいない。ただ、炊事のできない女であった。これも家庭を作る気のない、妻を友人としておいておきたい革命児の、いかにも選びそうな伴侶《はんりょ》である。

「花生け、香を聴き、茶の湯などは致し候へども一向かしぎ奉公(台所仕事)などすることはできず」

慶応二年一月二十三日午前二時ごろ、幕府見廻組《みまわりぐみ》、伏見奉行人数など百人ばかりが、竜馬が同志一人と止宿している伏見寺田屋をかこんだ。が、人数は、竜馬が高名の剣客であることに用心し、容易に踏みこんで来ない。竜馬は二階で浴衣《ゆかた》に着かえたばかりであった。

おりょうはたまたま階下裏庭横の浴室にいた。浴室の小窓からみると、植込みのあたりに、捕吏らしい人影がみえた。おりょうは素っ裸で二階へかけあがり、

「敵です」

といった。前をおさえるのも忘れていた。

竜馬はただちに大小を差し、短銃を懐《ふとこ》ろに入れ、同志の長州人三吉《みよし》慎蔵は手槍をもった。激闘ののち、裏へとびおりて逃げている。

竜馬は家信に、「此竜女《このりようじよ》が居ればこそ、竜馬の命は助かりたり」と書き送った。

桂小五郎はあとでこの話をきき、「僕も美人の注進をうけたいものだ」といった。

この事件後、竜馬はおりょうと結婚している。西郷の媒妁《ばいしやく》だったというが公式に婚儀をあげる余裕がなかったため、土佐藩の同志佐佐木三四郎（高行・のち侯爵《こうしやく》）などは、「竜馬妾」といっている。三四郎は長崎で評判の「竜馬妾」を見た。「有名の美人であるが、善人か悪人か判断がつきにくい女」のように見えたとその昔日譚《だん》に書いている。

竜馬は、その家郷への手紙をみても、妻のつもりでいた。かれとその新妻の仲のよさはあけっぴろげで、新選組がつけねらっているとき、白昼、京の河原町通りを、お

りょうと手をつないで歩いた。当時、男女は、夫婦でも一緒に歩くことを憚《はばか》った時代に、手をつないで歩くとは、それだけでも市中のトピックスになったであろう。

そののちあまりに幕吏がうるさいので、西郷がすすめて鹿児島へ逃避させている。竜馬にとって新婚旅行になった。そういう習慣のおこりというべきであろう。この鹿児島旅行中は、霧島山にのぼって二人で山頂の天《あま》ノ逆鉾《さかほこ》をひきぬいたり、ピストルで小鳥を射って興じたり、塩浸《しおびたし》温泉につかったりして、こんにちの新婚夫婦とあまり変わりがないようである。

のち、おりょうと長崎に居を移した。竜馬の海援隊時代である。丸山花街のお元《もと》という芸者にひどく惚《ほ》れられ、お元は竜馬がたのみもしないのに幕吏の宴席で得た情報などをさかんに報《し》らせた。

慶応二年六月十六日、竜馬はおりょうとともに下関着。その夜長州の同志と会合し、朝帰りしている。長州の連中が、二次会に土地の遊郭稲荷《いなり》町へ案内したのである。翌朝、旅館へ帰ると、おりょうの機嫌がひどく悪かった。竜馬は閉口し、すぐそばにあった三味線をとりあげ、じゃかじゃか掻《か》き鳴らして即興の唄《うた》をうたった。

「恋は思案の外とやら、長門《あなと》の瀬戸の稲荷町《まち》猫も杓子《しゃくし》も面白う、あそぶ郭《くるわ》の春景色、ここに一人の猿まはし（自分のこと）、たぬき一匹（おりょうの意）ふりすてて、義理も情けもなき涙、ほかに心はあるまいと、賭《か》けて誓ひし山の神（おりょうの意）、うちに居るのに心の闇路《やみぢ》、探りさぐりて出でてゆく」

この唄のばかばかしさに、おりょうの機嫌もなおった。恋女房連れの志士活動の不自由さは、同情にあたいする。なおこの唄は、竜馬を敬慕していた長府藩士梶川鼎介が竜馬に頼んで書いてもらい、それがいま山口県長府の尊攘堂《そんじょうどう》に陳列されている。全文ひらがなである。

おりょうは竜馬の死後、かれの家郷高知へゆき、その屋敷で、竜馬の姉乙女としばらく住んだ。が、折りあいがわるく、晩年は横須賀《よこすか》に移り、六十六歳で死んだ。おりょうはたれからも嫌われた。

「竜子、家を守らず、非行を敢《あへ》てす。乙女、怒つて竜子を離別す」と土佐の書物にある。

非行、とは家庭むきではない、というほどのことであろう。風雲期に命知らずの志士に愛されるような女性は、どこか変わっている。

桂小五郎は、早婚であった。一子をなし、ほどなく離別した。その子も早世した。

桂は苦味走った美男だったから、江戸の斎藤弥九郎道場の塾頭をしていたころ、隣家の旗本五百石取り高津盛之助の娘千鳥と情を通じた。前記〝早婚〟とは別の件である。千鳥は妊娠した。小五郎は知らなかった。その後江戸をとび出してしまい、京を中心に東奔西走した。その間、京の三本木の名妓《めいぎ》幾松《いくまつ》（のち木戸公爵夫人松子）に愛されたりして、江戸の恋をついわすれた。

千鳥との仲は、竜馬とさな子同様、剣術であったという。千鳥は娘ながら剣術に興味をもち、隣りが斎藤道場であるのを幸い、通っていた。桂は、その塾頭である。手にとって教えた。つい深間に落ちた。

千鳥は妊娠し、分娩《ぶんべん》した。男児であった。小弥太《こやた》と名をつけた。高津家では世間への体面上、これをかくしていた。千鳥はおそらく苦しんだであろう。

旅装して、家を出た。乳呑子《ちのみご》を背負いながら、東海道を京へのぼった。途中、旅費がつき、乞食《こじき》同然の姿になった。

京についたときは、市中数万軒が火になって燃えていた。蛤御門の戦いの当日だったというのである。京に乱入した長州軍は幕軍、諸藩の兵と戦い、敗走した。このため長州は朝敵となり、市中は、会津藩兵、新選組、見廻組が巡回し、長州人が民家、社寺などに潜伏しているとみれば、むらがって襲い、斬り殺した。

とくに幕府側では、桂小五郎を捜索した。小五郎が乞食姿になって三条大橋の下にかくれていたというのは、このときである。

この話は、安芝居じみている。京にたどりついた千鳥は、偶然その大橋の上にいた。橋上は罹災民《りさい》で足の踏み場もなかった。橋上で炊事し、むしろを敷いて寝ていた。乞食姿の千鳥はその群れを掻きわけながら、小橋のほうへ出た。そこへ会津の巡視隊五、六人がやってきた。隊長は小野田勇という。

千鳥は、避難民の荷車を避けようとして小野田に突きあたった。小野田は戦闘直後で気が立っているから、こいつ、と叫んで千鳥を蹴《け》った。千鳥は負けずにしがみついた。はずみで小野田がころがった。

激怒した小野田は、はねおきるなりこの女乞食を斬った。右肩から乳下まで斬り裂かれ、千鳥は倒れた。嬰児《えいじ》がほうり出されて、哭《な》いた。小野田はさらに斬ろうとした。

そこへ会津藩公用人秋月悌次郎《ていじろう》がやってきて小野田を制止し、千鳥を介抱した。

千鳥はすぐ息をひきとったが、死ぬ前、自分は長州藩の桂小五郎をさがしている、この子は桂の子である、すまぬが貴方《あなた》の手で桂の行方をさがし、この子を渡してくれぬか、といった。

秋月は、自分は会津藩士であるから桂殿とは敵味方の間である、それに生死もさだかでない、桂にわたすというお約束はできぬが、とりあえず自分が養育しよう、成人のあかつきには、自分が父の桂をさがす、といった。

明治九年、秋月はその小弥太をつれ、箱根塔の沢に静養中の木戸孝允《たかよし》をたずねた。このとき秋月は三条小橋での昔ばなしをしたが、木戸がどう応答したかはわからない。ただ小弥太が秋月小弥太として世をおわり、木戸姓にならなかったことだけはたしかである。

桂は、この蛤御門ノ変の直後、長州の敗走に遅れて京にとどまり、乞食になって幕軍の眼をくらましている最中、焼跡で桂をさがしていた幾松と、大津でめぐりあった話は有名である。

桂にはまだ情話が多い。但馬《たじま》の出石《いずし》に町人姿で潜伏中、土地の女と夫婦にまでなっている。が、ほどなく長州へ逃げ帰ってそれっきりになった。この潜伏時代、城崎《きのさき》では旅館の娘とも尋常でなくなった。娘は流産した。もしこの子が育っておればこれこそ木戸孝允公の唯一《ゆいいつ》の実子でありました、とそのゆかりの旅館あとを受けて営業している現在の「蔦屋《つたや》」の老主人が、いまもこぼしている。木戸は松子夫人との間に子がなかった。大東亜戦争当時、政界の裏面で複雑な動きをした「木戸内府」は小五郎の養子の血すじで、嫡系《ちやつけい》ではない。

維新の志士は、多くは遊女や芸妓と遊び、竜馬や小五郎のような場合は、むしろめずらしいといっていい。

京都では三本木でよく遊んだ。土佐の武市《たけち》半平太は、月形半平太のモデルだといわれているが、そうすれば「春雨じゃ、濡《ぬ》れて行こう」といった相手は、秀助という芸妓である。長州の久坂玄瑞《くさかげんずい》の狎妓《こうぎ》は福勇であった。長州の井上聞多《もんた》には君尾という芸妓がいた。

君尾は、勤王芸者として諜者《ちょうじゃ》をつとめた。九条家の諸大夫《しょだいぶ》だった島田左近を勤王派の連中が暗殺したことがあるが、この島田の潜伏場所をつきとめたのは君尾であったという。それよりこの君尾が、井上に懐ろ鏡を贈った。小さな鉄製のものである。井上はいつも懐ろに入れていた。

井上が長州山口の郊外で藩内の反対派数人に襲われ、後頭部、顔、背、胸、腹などに文字どおり乱刃をうけて倒れた。このあと、五十幾針を縫ってやっと命をとりとめたが、致命傷であるはずの胸部の傷が、肺には至らずにすんでいた。懐ろの鏡がふせいだのである。君尾がこの鏡を贈ったとき、この鏡は私の魂どす、私と思うて大事にしとくれやす、といった。井上は大切にしていた。

そのくせ維新後、馨《かおる》と改名し、侯爵となった晩年、なぜかこの話を避けた。「あれは母の餞別《せんべつ》であった」というのが常だった。うそがはっきりしている。武士の母が、その息子の出立に鏡を餞別にするはずがない。

なにをくよくよ川端柳

水の流れを見て暮らす

という唄をつくった長州人高杉晋作《しんさく》ほど、飲んで遊んだ男もなかったであろう。藩内の俗論党政府をクーデターによって倒したとき、芸者連に三味線をひかせて踊りながら占領した政庁へ乗りこんでいったという人物である。高杉にとって、酒、革命、女は、かれの血が要求している等価値のものであった。かれは乱世にうまれて英雄となった。治世にうまれておれば、単に放蕩児《ほうとうじ》だったであろう。

俗論党政府を倒したとき、かれは当然新藩庁の首脳たるべきところだったが、「男子たるもの、艱難《かんなん》は倶《とも》にすべきも、富貴《ふうき》は倶にすべからず」といって藩庁を去り、この攘夷《じょうい》論者がにわかに洋行をするといいだした。高杉の卓抜したカンは、もう攘夷主義が単なる迷妄だということがわかりかけていたのである。むろん洋行は幕府の禁制だが、その禁令も幕威もあってなき存在になっていた。

高杉は藩庁から三千両の洋行費をせしめ、子分の伊藤俊輔（博文）をつれて下関まで出かけた。が、金がある。つい遊んだ。「綱与《つなよ》」という店にあがってそのあたりの芸者末社を総揚げにし、連日連夜の大さわぎをやった。伊藤は高杉のけたはずれな行動や思考には馴《な》れてはいたが、このときばかりはこわくなった。

高杉はどなりつけて伊藤も遊ばせた。高杉は愛妓おうのをよび、三日遊んだ。

この豪遊が藩庁にきこえ、同志の野村靖之助が苦言を呈しにきた。

野村は、わしの諫止《かんし》をきいてくれねば腹を切る、といった。高杉は起きあがって、

「立派に切れ、おれが介錯《かいしゃく》してやる」

と刀をひきつけた。野村はほうほうのていで退散した。手がつけられなかった。

さらに長崎へ行った。長崎でも飲み、ついに洋行費は一文もなくなった。が、高杉は長崎の英国商人グラバーの邸《やしき》で同国の横浜領事ラウダに会い、英国が長州を応援する意思があることを知った。この事が高杉に別な思考方向をあたえた。倒幕の可能なことを知った。三千両の遊興は高いものではなくなった。

この翌年、高杉は長崎にあり、また洋行すると言いだし、伊藤を使いにして国許《くにもと》へ金策にやった。伊藤は井上聞多にたのんだ。藩金をひきだすことにかけては天才的な腕のある井上もこれには閉口した。高杉は千五百両を都合しろ、といってよこしている。

藩庁は、当然激怒した。前回の使いこみの始末もすでに藩庁では知っている。その上、もう一度金を出せという。「高杉の酒と女の仕出しを藩ができるものか」と藩の会計ははねつけた。そこを井上はこの男一流の口から出まかせの詭弁《きべん》で、ついに金をひきだした。井上はこの癖が直らず、維新政府の大官になってもこの手ばかりをつかって、明治の貪官汚吏《どんかんおり》の代表のようになった。一つには兄貴分の高杉が、そういう訓練をしてしまったのであろう。

金の工面がついたころ、高杉は長崎で、オテントサマ号という軍艦を、藩にもことわらず、勝手に買いこんだ。四万両である。金は下関で長州藩が支払う、と高杉は外国商人にいい、その軍艦に乗って下関に帰ってきた。

「遊興だけでなく、軍艦まで買ってきた」

というので藩庁は怒った。すでに藩庁には金がなかった。そこを井上はまた奔走させられ、藩主の撫育金《ぶいくきん》から出す、ということでやっとかたがついた。藩主は高杉に甘かった。

「前の洋行費は高杉に賞与ということで帳消しにしてやれ」といった。

高杉はオテントサマ号は長州三十六万石を救う、と予言した。そのとおりになった。幕府の第二次長州征伐のとき、丙寅丸《へいいんまる》と改称して大島郡の沖で幕府軍艦と戦い、さらに小倉城攻撃に威力を発揮し、ついで鳥羽《とば》・伏見戦ののちの討幕軍の海上輸送に大いに役立った。が、そのときは高杉は病死していた。

累年《るいねん》の奔走、戦闘、酒、女がたたったのである。この男は虚弱ではなかったというどころか風邪一つひかぬ壮健な体をもっていたが、不養生が過ぎた。

慶応三年四月十四日、臨終のとき、父母、それに妻のまさ子、一子東一が枕頭《ちんとう》にいた。愛妓のおうのもいた。おうのはずっとつききりでかれの看病をしていた。

父の小忠太が、「遺言はあるか」と問うと別にありません、といい、料紙と筆をとって辞世の歌を書きはじめた。

面白きことも無き世を

面白く、……

とまで書いたが、あとは体力がつきた。筆を落した。

直後に絶命している。

高杉は、畳の上で死ぬのは残念である、と臨終の寸前、何度もいった。が、これの死もかれの多くの同志の非業《ひごう》の死とかわらない。これは白刃《はくじん》でこそ死ななかったが、この男の死因もまた、革命と酒と女であった。齢《よわい》二十九歳。

（「文藝春秋」一九六四年三月号）

天領と藩領

——幕府というのは、いざとなるとシツケ糸一筋を抜くことであっさり解体するようになっていたんだよ。

そんな意味のことを、明治になって旧幕臣勝海舟がどこかで語っている。海舟らしいおもしろい修辞だが、実際そうだったし、またそういう結果にもなった。

江戸期、全国の石高《こくだか》はざっと三千万石だった。そのうち幕府の直轄領《ちょっかつりょう》は、

「天領（天下領ということだろう）」

とよばれ、八百万石だったという。ただしこれは旗本領をふくめてのことで、純粋な天領は四百万石ほど（新井白石の『折たく柴の記』）だった。鉱山や商業地・港湾からの収入はあるものの、この四百万石でもって幕府という政府はまかなわれていたのである。

それらの天領の管理と行政・司法のためにはわずかな人数の役人がいるだけで、軍

事力といえるようなものは持っていなかった。

幕府の軍事力としては〝旗本八万騎〟（実際には二万人ぐらい）が江戸に集中して居住しているだけで、税収のあがる地方（天領）は、無防備だったのである。この点ではまことに淡泊な政権だった。

たとえば、大和（奈良県）の大半は天領だった。

そのうちの南大和七万石の行政・司法に任じていたのが、五条にあった小さな代官所だった。七万石といえば、大名なら、足軽・小者をふくめて千五百人以上――つまり歩兵一個連隊――の人数を抱えた軍事力なのである。

ところが五条代官所では、せいぜい十人ぐらいの吏員がいるにすぎなかった。

幕末、この五条代官所が襲われた。

文久三年（一八六三年）八月十七日午後四時か五時ごろというから、白昼といっていい。打ちこんだのは総勢百数十人で、世にいう「天誅組《てんちゆう》」である。代官は前年に江戸から赴任したばかりの温厚な鈴木源内という幕臣で、『十津川記事』によると、公正な行政官だったように思える。

天誅組の側としては、大和をえらんだのは、ここで挙兵することによって、天下を聳動《しょうどう》させようとしただけで、鈴木源内という人物をよく知っていたわけでもない。ただ倒幕の血祭りとして源内をえらんだにすぎない。

事件のことはともかく、このとき代官所に居合わせた人数は、十人足らずでしかなかった。源内夫婦と、そのそばに、あんまの嘉吉がいた。嘉吉も斬《き》られた（天誅組にとって名誉なことではない）。源内はむろん斬殺され、〝姦物《かんぶつ》〟として首を梟《さら》された。妻女は無事だった。他に五、六人の吏員が斬られた。

要するに、七万石の行政機関はその程度の人数だったのである。

諸国の天領の他の奉行所（たとえば長崎奉行所や佐渡奉行所）や代官、郡代役所も、無防備という点では右とかわらない。まことにシツケ糸というほかない。

といって、もし五条代官所に千人ほどの常備軍がいれば、どうなったか。天領の租税は大名領なみの重税になったに相違なく、シツケ糸だったからこそ、天領の租税は安かったのである。

話がかわるが、大正八年に出た和辻哲郎の『古寺巡礼』以後、大和の古寺を見る人が多くなった。

ところが、大和のよさは古寺だけではなく、民家もそうである。もし古寺が、白壁・大和棟《やまとむね》といったこの地方の大型農家にかこまれていず、裸で野に孤立しているとしたら、大和の景観はよほど貧寒としたものになるにちがいない。白壁・大和棟は、天領の租税の安さの遺産と考えていい。

江戸時代、米の収穫の四割を公がとり、六割をその百姓のとりぶんにすることを、四公六民といった。幕府は天領における税率をこの程度の安さにおさえていた。江戸初期をすぎると、幕府財政が苦しくなり、六代、七代将軍を補佐した新井白石なども『折たく柴の記』のなかで、すでに五代将軍のときに毎年の支出が収入の倍になり、財政がゆきづまったとしている。白石はその補佐時代、財政で四苦八苦した。それでも四公六民（ときに三公七民）という税率を守った。

白石時代のあと、八代将軍吉宗が、幕府を改革し、中興の祖といわれた。かれは、天領の租税の安さに気づき、なんとか比率をひきあげようとしたが、五公五民になることだけは自制した。

大名領は、ひどかった。

なにしろ、藩というのは基本的に物要《ものい》りであった。元和偃武《げんなえんぶ》以来、本来戦闘用だった人数を、行政の役につかせたり、無役にしたりして、いわば養人組織になっていた。これらの人数を百姓に養わせ、その上、参覲交代の費用や江戸での社交費、あるいは幕府が命ずる公共事業の負担などもあって、まことに高い経費がかかった。大名といえば、大和の隣国の紀州は大名領で、紀州百姓は大変だった。大名といっても徳川御三家の一つで、五十五万五千石という金箔《きんぱく》つきの大名を背負いこんでいたのである。

紀州は山ばかりで穀倉地帯というものがなく、その上、紀伊徳川家は顕門だけに出《で》銭《せん》が多かった。さらには初代以来家臣の人数がばかばかしいほど多かったから、紀州の税率は八公二民にまでのぼった。

天領のゆたかなあとを訪ねるとすれば、奈良県のほかでは岡山県の倉敷がよく、また大分県の日田《ひた》もいい。

いずれも農村の風《ふう》がのんびりして、町方は往年の富の蓄積を感じさせる。とくに倉敷の町は天領の治所《ちしょ》だったから、管下の貢米《こうまい》があつまり、それを売買する商人も大きく成長し、いまも軒をならべる重厚な町屋《まちや》の景観は、とても大名領では見られないものである。

これら天領を宰領する奉行や郡代・代官は、主として江戸の勘定所《かんじょうしょ》から派遣されていた。勘定所は幕府の台所と天領の管理のいっさいをとりしきる中核的な官庁で、維新後は大蔵省にひきつがれた。

長官は勘定奉行で、この役所の役人は、幕臣のなかからとくに秀才がえらばれた。その選考は、江戸中期ごろからいよいよきびしくなったらしい。

採用試験は、

「筆算吟味」

とよばれた。試験科目は筆跡と珠算だけながら、これだけで十分人物の器量が測定できたらしい。

この採用制度は御家人とよばれる下級幕臣の子弟にとって、唯一にちかい栄達の道だった。

遠国《おんごく》奉行や代官は、勘定所役人のなかから、とくに聡明で公平無私、かつ識見のある者がえらばれた。〝悪代官〟などということばがあるが、諸藩の代官はともかく、幕府の代官にかぎっていえば、相当な人物ぞろいだったはずである。前掲の鈴木源内もそのようにしてえらばれた人物で、〝姦物〟といった証拠はどこにもない。

以上、ずいぶん天領の政治をほめた。

――それなら、いっそ日本じゅうを天領にしてしまったらどうだったろう。

と、歴史における if を考えてみたくなるが、そうなると変なものになる。私は、江戸期は幕藩体制でよかったと思っている。

もし明治以前の日本がぜんぶ天領（清《シン》や李氏朝鮮のような中央集権制）だったとすれば、十九世紀あたり、ヨーロッパ勢力のために植民地にされてしまったにちがいない。それより以前、十六世紀にポルトガルやスペインがやってきたころ、かれらはできれば日本を領土化したいと思っていたはずである。ついにかれらが手を出せなかったのは、戦国期ながら、領国大名の統治能力が充実していて、かつ十分な武力が存在していたからである。

その武装勢力が、江戸期になると大名とおびただしいその家臣団となって泰平の世に居すわった。

この幕藩体制も、戦国時代以上に十九世紀のヨーロッパ勢力のアジア進出に対するストッパーとして大いに有効だった。ヨーロッパの勢力が優勢な海軍力でもって、たとえ海岸線を一時的に掠《かす》めとったとしても、長期の内陸戦になると諸藩の兵を前にして勝ち目がなく、かれらもそのことをよく知っていたからこそ武力の展開を最小限にとどめたと考えうる。

そういう意味でいえば、諸藩の百姓の苦労も、長期的な価値からみれば、十分むくわれたことになる。

また武士人口の多さは、精神面でもいい影響をもたらした。

武士という形而上《けいじじよう》的な価値意識をもつ階層が、実利意識のつよい農民層や商工人の層に対し、いい按配《あんばい》の影響を与えたのである。

その点、武士に接する機会が無いか、まれだった天領では、百姓文化というものは、格調のある精神性の要素がすくなかった。

私の家系は、父方も母方も天領の出だが、

「天領というのは、塩気《しおけ》が足らんからな」

と、母方の祖父がいっていたのを思いだす。

明治期から大正期いっぱい、人材を出しつづけたのは旧諸藩の地だったことを思うと、どこか天領の民とのあいだに成分のちがいがあったのかもしれない。

（「文藝春秋」一九八八年四月号）

質屋の美学

幕府が瓦解《がかい》して徳川家が一諸侯になり、静岡に移された。その「徳川藩」が、その藩陸軍の事業として沼津に兵学校を設け、旧幕府の直参《じきさん》を入学させせることになった。

沼津兵学校といわれているのがそれである。場所は、いまの沼津市本町の北にある沼津城におかれた。校長は西周《にしあまね》で、教授陣も旧幕府の洋学者や洋式実務者からのよりすぐりで、当時これほど贅沢《ぜいたく》な人材をあつめた学校はなかったであろう。一等教授、二等教授、員外教授などという言葉も用いられた。一等教授には旧幕府海軍の俊才であった赤松大三郎などがおり、伴《ばん》鉄太郎、大築保太郎などの名前もみえる。

受験資格者は、むろん旗本である。五百名募集された。部屋住みの者だけでなく、ついこの間まで幕府士官をしていた連中も多く、いずれも身分は五百石から数千石までの直参で、江戸庶民から「殿様」とよばれていた連中である。

入学試験は、口頭試問だけである。服装は紋服に仙台平の袴《はかま》、むろん大小を帯びてゆく。さすがに受験生の行儀作法だけはみごとなものだったそうだ。

「この書物を音読せよ」

などと、試験官から手渡される。そのなかに、酒井雅楽頭《うたのかみ》、井伊《いい》掃部頭《かもんのかみ》などといった文字が出てくるが、読めなかった者が多かったそうである。ウタノカミをガラクノカミと読んだり、カモンノカミをハライベノカミと読んだ者もあるという。

「唐の安禄山《あんろくざん》というのは何だ」

という常識問題も出た。

「それは唐の山で、わが朝の富士山よりも高うござる」

と答えた男がいたらしい。

試験官たちはいちいち腹をかかえて笑い、ついに、

「だから諸君は薩摩《さつま》の芋侍に負けたのだ」

といった。

旧幕時代、藩の文教制度がもっともみごとだったのは肥前佐賀藩であり、ついで会津藩であったろう。薩摩藩、長州藩、土佐藩も、他の諸藩に比較して、はるかに教育

熱心だし文教制度も比較すれば整っていた。

もっともおろそかだったのは、幕府の幕臣教育だったかもしれない。旗本なら一冊の本も読まなくても殿様として威張っていられたが、佐賀藩などの場合、藩主鍋島閑《なべしまかん》叟《そう》の方針によって所定の学業が成就《じょうじゅ》できない者に対しては先祖代々の家禄《かろく》を八割召しあげるという過酷な強制をした。六、七歳から十六、七歳までを外生と言い、小学・中学に相当する。十六、七歳から二十五、六歳までを内生といい、高校・大学に相当している。すべて試験で進級し、進級できない者は藩の役人になれない、といったような法律（この藩では課業法とよんでいた）まであった。

幕末維新に登場する藩は佐幕側に立った会津藩をふくめて藩士の教養水準が他藩よりも高かったといえるだろう。
が、幕府はその旗本・御家人に対して教育を義務づけなかった。それが瓦解を早めたということにはならないが、直参子弟の教養水準がいますこし高ければ瓦解の様相はいますこしちがったものになっていたかもしれない。

冒頭の話題にもどるが、幕府譜代筆頭の井伊家は代々掃部頭を世襲し、譜代次席ともいうべき酒井家は雅楽頭を世襲している。幕臣であれば日常常識としてそれくらいは読めそうなものだが、どうもそうでもないらしい。

瓦解後百年をへた今日、中学生でも掃部頭ぐらいは読める子がいるだろうし、芝居や小説で旧幕知識のある大人ならたいてい読めるのではあるまいか（もっともそんなものが読めても読めなくても、こんにちともなれば教養とは何の関係もないが）。

とすると、ちかごろよく話題に出る「いまの大学生」のことである。旧幕府の旗本でさえ右のとおりだから、たとえば楠木正成《くすのきまさしげ》を知らないといったところで彼等を罵倒《ばとう》してやることはないのではないか。

私の薄い知りあいに質屋があって、そこの奥さんが身もだえするほどの当世風な教育ママなのである。

ある日、

「子供を某大学に入れたいが、ツテはありませんか」

という件で訪ねて来られた。小生は一向にツテがないと断わると、そのあと雑談になった。二つの私大に懸けているという。一つは美学科で、一つは経営学科である。

「なぜ美学科などに行かせるのです」

ときくと、おばはんは即座に答えた。

「質草の鑑定に便利やろうと思いましてな」

そういうことであった。

これは笑えない。なぜならこんにちでは美学科とはおおよそそういう所であろうという、ドグマはドグマながらも庶民のあいだではちゃんと見方が確立しているのである。幕臣がガラクノカミと読んだ時代より、数段日本人の民度は向上しているのではないかと思われるし、それもこれも維新後百年、この国の政府がはらってきた文教への努力のおかげであるような気もするし、ひるがえっていえばどちらもばかばかしいような気もする。

（「風景」一九六六年五月号）

江戸幕府の体質

徳川幕府というのは、江戸を襲われるかもしれぬという点では、その草創期から病的な神経をもっている。

日本地図をひろげて、小生のひまばなしをきいていただきたい。

まず、城である。日本で巨城といわれているものは、西から列挙すると、熊本城、姫路城、大坂城、名古屋城だが、これはことごとく幕府の対薩摩《さつま》防衛戦略から出ている。熊本には、細川家を置いた。清正が築いた熊本城を保全拡充することを命じた。ついで姫路城はわずか十五、六万石の譜代大名にこれほどの巨城を築かせた。大坂城は秀吉が築いたものだが元和《げんな》ノ役で焼けてしまったのを、徳川初期にこれをほとんどあらたに築く、といっていいほどの大がかりな工事で再建した。名古屋城はいわゆる御三家の城だが、他の御三家である紀州和歌山や水戸とくらべて比較にならないほどに大きな規模である。この城も、官営工事で築かれた。関ヶ原で負けた薩摩が、もし京の天子を擁して幕府をたおすべく東上するとき、幕府としてはまず熊本城でささえる。ついで姫路城、大坂城、名古屋城でささえる。名古屋城も陥《お》ちれば箱根の天嶮《てんけん》でささえる。

つぎは、海である。海上から西国大名が江戸を襲ってきたらどうするか。このため、外洋航路（外国航路ではない。江戸時代、五百石積み以上の大船がゆききする太平洋岸航路）の港は、江戸の近所には置かなかった。

ちなみに、上方《かみがた》から江戸へゆく航路は、志摩半島の鳥羽《とば》港が始発港である。船はいったん鳥羽港を出ると、もう途中良港はない。遠州灘《えんしゅうなだ》などはまったいらな海岸で、ここで風が巻きおこっても逃げこむ場所がない。ずっと行って、最初の良港は伊豆《いず》半島の下田港である。

幕府初期は、この下田港を太平洋岸航路の官設港とし、江戸府の外港とした。堂々たる日本首都の外港としては下田は江戸からずいぶん離れている。その離れているところが、日本史上最小の心をもった小心な政権である幕府としては、それがありがたいのである。外港が近くてはなにがおこるかわからない。西国大名が兵船をつらねて江戸をせめるとき、江戸の近くに港があっては上陸軍はすぐ江戸を衝《つ》く。そのため相模《さがみ》湾のさらに西のほうの、しかも半島の先端に官港を設け、波よけ工事などをしてここに奉行を置き、出入り船の監視をさせた。

ところがさすがに不便すぎるとおもったのだろう。江戸初期をすぎたころ、官設港をもうすこし江戸に近づけて三浦半島の浦賀に置いた。やっと東京湾に近くなったのだが、それでも浦賀は三浦半島の先端である。東京湾の湾内でなく湾外にあるから、外《そと》からの脅威を考えての恐怖心をなんとなくまぎらわすことができる。法人徳川幕府の思考法のみみっちさはどうであろう。

これほど小心な幕府が、幕末、諸列強の圧力で通商条約をむすばざるをえなくなったということについては、われわれは右のような心情の歴史を考えた上で、それを考えるべきである。そのようにして考えてはじめて幕府が感じた戦慄《せんりつ》、恐怖、狼狽《ろうばい》などを察してやることができる。さらには、こういう小心な政権に三百年ちかく教育されつづけた日本人というものを考えてやらなければならない。いつのまにか、日本人も、徳川幕府とおなじ心情になっていて、外《そと》がこわくなっていた。幕末のヒステリックな攘夷《じょうい》運動というものは、さまざまな角度から考えねばならないが、こういう心情的な歴史から考えてゆくことも大事であろう。

そこで、列強が、通商港の開設を要求した。幕府ははじめて江戸湾内に外港をもうける決断をせざるをえなくなったが、そうなってもなおびくびくごころが顔を出して、

「神奈川」という漁村をひらくことを提案し、決定された。

ところがあとで生麦事件などがあり、幕府は考えこんだ。神奈川には日本の幹線である東海道が通っている、便利すぎてなにかにつけて（たとえば生麦事件などもあり）心配である、ということで、当時百戸ばかりの僻村《へきそん》だった横浜に開港場を移した。江戸幕府の基本的性格のひとつである消極退嬰《たいえい》事なかれ主義のあらわれが、こんなところにまで出ている。

やがて出来た横浜港はそれを生んだ幕府の鬼っ子になり、資本主義的繁栄を示しつつ封建経済ぶちこわしに大きな役割をはたした。


（「有鄰」第十八号、一九六九年五月）

防衛のこと

米国の東インド艦隊の司令長官ペリーが日本へむかうべくノーフォーク軍港を出航したのは、一八五二年十月十三日である。途中、マデイラ島に寄航し、そこから自分の上司である海軍長官へ意見をおくった。そのなかに、

「東洋にあっては英国がおもな地点をすでに占有し、海上権を得てしまっている。しかし日本とその付近の島々についてはまだ英国人の手がまわっていない」

という意味のくだりがある。翌年四月、ペリーは琉球那覇港《りゆうきゆうなは》に入り、ここをもって米国の海上基地にしようとした。さらにペリーは小笠原《おがさわら》列島に艦隊をまわし、父島に上陸し、この列島が米国領である旨《むね》をたかだかと宣言した。ただしこの宣言はその直後英国の抗議に遭ってとりけさざるをえなかった。

十九世紀後半の列強というのはみなそうしたもので、日本などは漂う浮木程度にしかみられていない。国内で攘夷《じようい》論がふっとうしたのは当然であろう。

日本海では、ロシアがやってきている。ロシアはすでに沿海州を押領《おうりょう》し、満州におし入り、さらに日本に要港を得て、極東での海上権を確立しようとした。ロシアにすれば、

「日本をすてておけば英国にとられてしまう。先制すべきである」

というのが、この伸張政策におけるこの国の外交感覚であった。ロシアが「米国」を意識にのぼらせなかったのは、米国はペリーのあと国内で南北戦争がおこり、日本問題から手をひかざるをえなかったからである。ロシアはウラジオ（東を制せよという意味）港をさらに前進させるために対馬《つしま》を得ようとした。

文久元年（一八六一）二月三日、ロシアは軍艦一隻《せき》をもって対馬に入り、大船越《おおふなこし》の瀬戸番所の海岸に兵員を強行上陸させ、番所にいた郷士《ごうし》二人をからめとり、小者《こもの》一人を銃撃で殺し、そのあと、対馬藩に対し折衝を開始した。幕府はおどろき、役人を対馬に急派してロシア側と交渉しようとしたが、ロシア側は、

「対馬藩は独立国である」

というたてまえをとって江戸幕府との交渉をよろこばなかった（このあたりが幕藩体制のあいまいさであり、やがて崩壊していわゆる絶対主義的統一国家が成立せざるをえなかったところであろう）。

ロシア側は対馬藩にこういう。

「英人も対馬をねらっている。かれらは君たちを追っぱらってここを英国領にするつもりだが、ロシアはそうしない。対馬王がここに永住できるようにはからう。対馬人についても、ロシア人にはしない。要するに島だけはもらう。それどころか、対馬王が希望しさえすればロシアの武力で朝鮮を討ちとり、あの半島ぜんぶを対馬王にさしあげよう。そうすれば大大名になるではないか」

ロシアはこの交渉中、対馬を占拠しつづけていたが、やがて英国の妨害にあい、退去せざるをえなかった。英国公使のオールコックは江戸幕府に対し、

「対馬は日本海の門戸をなす要衝である。やがてはいずれかの外国にとられてしまうから、いまのうちに各国共同の開港場にし、各国の人民を住まわせ、それによって勢力均衡をつくるほうが、日本のためではないか」

と、意見をのべている。

なににしても、すさまじい時代である。

これに対し、日本国内でもさまざまな日本防衛論がおこった。夷人《いじん》を斬《き》っぱらって海岸から追いおとしてしまえ、というのは粗暴な攘夷浪士流の防衛感覚だが、識者になるとそこは雄大で、「ナポレオンを起して自由《フレーヘード》をとなえずんばあらず」といった

吉田松陰でさえも「とりやすい朝鮮、満州、シナを切りしたがえ」などという意見をのべている。

薩摩《さつま》藩主島津斉彬《なりあきら》というひとは幕末のぎりぎりではすでにこの世になかったが、この時期のあらゆる人物のなかで、学殖識見ともにもっともすぐれた人物であった。かれはオランダ語と中国語ができたばかりでなく、この時代の日本という制約下にあってあつめられるだけの海外情勢の情報をもっていた。この斉彬は安政四年（一八五七）の段階において、

「清《しん》国（中国）は、長髪賊（太平天国の乱）のためにその国土の大半をうしない、国家としてはほとんど滅亡しようとしている。おそらく将来は外国のわけどりになるであろう。日本はこの外国の属領になるであろう中国大陸から大きな脅威をうけざるをえず、日本防衛のためにはすすんで中国大陸をかこむかたちをとらざるをえない。そのためには山陽山陰の大名に対してはオーストラリヤを制せしめよ。九州の大名には東南アジアをおさえしめ、東北の大名には沿海州から満州へ入らしめよ」

と、いっている。

肥前佐賀藩の藩主でこの藩に洋式産業を導入した鍋島閑叟《なべしまかんそう》の意見はこれよりもやや規模がちいさく「九州の大名は西からくる外国の侵略から日本をまもらねばならない。

このため国内防衛に任じ、東北の大名をして沿海州、満州をおさえしめるがよい。そのためには首都をおもいきって秋田あたりにおく必要がある」といった。

十九世紀の半ばというのは、地球上を帝国主義のエネルギーがおおっている。その被害者の立場にあった日本ですら、この世界史的な風潮の例外ではなく、その防衛論ですら帝国主義的であった。むろんこれをもって後世のわれわれは、斉彬や閑叟の愚をわらうことはできない。その時代に対してはその時代の条件で歴史を見てやらねばならないからである。

右のようなことどもを列挙したのは、日本の防衛問題というものの原型は幕末にあり、いまも日本列島の地理的条件がかわらない以上、参考材料としての価値はうすらいでいないとおもうからである。話が飛躍するが、この島の防衛の至難さから考えて、一発の弾ももたずに日本の防衛をなしうる魔術的な政治力だけが、今後の日本の首相になりうる唯一《ゆいいつ》の条件ではあるまいか。

（「小説エース」一九六八年十一月号）

ある会津人のこと

先日、思い立って会津若松へ行った。私が住んでいる大阪からは、会津という土地はいまなお遠い。以前は、東京で一泊して息をついたあと、上野から汽車に乗った。

こんどは、新潟までは飛行機で行った。新潟と会津とはちょっと方角違いのようだが、しかし新潟市郊外の阿賀野川《あがのがわ》をさかのぼってさえゆけばその水源が会津だという耳よりな地理知識を、会津若松市の旧知のM氏が教えてくれたので、その経路をとることにしたのである。

新潟空港には瀟洒《しょうしゃ》な空港ビルができている。小さいながらも国際空港で、昨年この空港ビルをくぐりぬけてシベリアへ行ったことを思いだした。新潟から阿賀野川をさかのぼって会津へ入ることは、むろんシベリアへゆくよりも時間がかかる。

会津若松では、前記のM氏と久闊《きゅうかつ》を叙しあった。私から持ちだした話題のほとんどは秋月悌次郎《あきづきていじろう》のことで、これはM氏に会うたびにつねにそうであることに気づき、途中でわれながらおかしくなって笑ってしまった。M氏は四十過ぎの年齢で、いかにも会津人らしく謹直なひとである。私は自分自身をおかしがっているのだが、M氏はその笑いには乗って来ない。きまじめな調子で、

「秋月韋軒《いけん》（悌次郎の号）のことをお書きになるのですか」

と、私にきいた。「とても、そんな」と私は手をふった。以前にもこんなやりとりをM氏との間でかわしたことがある。秋月悌次郎は、とてものことながら小説に書けるような個性や、特異な思想をもっていた人物ではない。篤実《とくじつ》な性格をもち、他人に対しては遠慮ぶかく、独り居ても自分を慎《つつし》むような人で、その性格のままの生涯を送った。

幕末の乱世にうまれながら、その乱世に気負いたつような浮かれ性《しょう》がなく、そのくせ幕末の歴史におけるもっとも劇的な職務についていた。文久三年という、京都がもっとも革命的緊張のなかにあった時期に、かれは京都における会津藩公用方の一人として藩外交の実務についていた。そういうきわめて権謀的な職掌にありながらかれは区役所の水道担当者の技術職員のように一見無感動な態度で執務した。それだけでなくのちに会津若松城が官軍の攻囲に屈したとき、降伏のための藩外交を担当したさい

も、おなじような態度で終始した。秋月悌次郎をぜんたいとして言ってしまえば江戸末期の典型的な知識人であり、明治後も、敗れた側として新政府に反撥《はんぱつ》するわけでもなく、その保守的教養や倫理観のわくのなかで謹直に暮らし、やがて老いた。そういう人物だけに、小説に書けるような存在ではない。

しかしそれでもなお気になって、会津若松にゆくたびにM氏をつかまえては秋月韋軒を語ったりするのは、私が勝手に秋月の中に平均的会津人を見出《みいだ》してしまっているせいなのかもしれず、あるいはそれ以外に、私自身が気づいていない理由が、秋月悌次郎の側にあるのかもしれない。

私が行ったとき、市の会館で「明治戊辰《ぼしん》のあとさき」という展覧会をやっていて、会場に秋月一江《いっこう》氏が来ておられた。一江氏のお名前は早くからきいていたが、勤務先が会津若松市から三十キロほど北へ離れた喜多方《きたかた》市の高校だったためにその機会がなかった。氏は、悌次郎の子孫にあたられる。

会場に大屏風《びょうぶ》が展示されていて、江戸末期の会津若松城下が克明にえがかれている。私は一江氏をつかまえて、悌次郎の秋月家はどのへんにありましたか、とたずねてみた。一江氏は竹棹《たけざお》をとりあげ、しばらくその先端を漂わせていたが、やがて外堀に面

した一点をトンとたたき、

「このあたりです」

と言われた。そのあたりは城廓《じょうかく》から遠く、一般に徒士《かち》階級の住んでいた界隈《かいわい》で、悌次郎もそういう身分に属していた。会津藩はその瓦解《がかい》まで身分関係がやかましく、たとえばやがて仇敵《きゅうてき》の関係になる長州藩がさかんに下級の人材を政務の座につかせたのにくらべ、登用ということはまずまれであった。悌次郎の場合は数すくない例外かと思われる。

長州藩の場合、登用の条件として当人に機略の才があるとか、藩の産業に一見識があるとか、あるいは洋学を身につけて世界的視野をもっているとかという例が多いが、会津藩が期待した秋月悌次郎における条件は、もっとせまい。悌次郎なら京都に出て他藩の連中とつきあいができるだろう、という程度のことだった。

会津藩松平家は、徳川の家格制度では、いわゆる御三家とともに将軍家の一門のあつかいをうけている。このため老中《ろうじゅう》や若年寄《わかどしより》になるというふうな幕政に参与することはなかった。幕政に参与するのは徳川家にとって使用人の家――井伊《いい》とか酒井とかという譜代大名――がやることで、「御家門」である会津松平家はそういう番頭・手代《てだい》の仕事に対してごく貴族的に超然としていればよかった。中央政治についての無経験が江戸期いっぱいつづいたということが、この藩を世間知らずにしていた。

幕末、京都が騒然とした。

文久年間になって幕府は京都に強大な治安機関を置こうとし、それを京都守護《しゅご》職《しき》と名づけ、会津藩に命じてその任につかせた。

会津藩は藩主松平容保《かたもり》以下、この職につくことをきらい、再三幕府にことわった。ひとつには御家門としての誇りもあり、誇りと同時に未経験なことはやりたくないというおびえもある。さらには幕府の衰弱ぶりは奥州《おうしゅう》の会津にも伝わっていて、薩長《さっちょう》が牛耳《ぎゅうじ》っている京都で火中の栗《くり》を拾わされるはめになるのはかなわないということもあったらしい。それでも幕命は否《いな》みがたいと決まったとき、城内の広間で君臣ともに泣いたというから、のちの悽惨《せいさん》な会津藩の運命は、世間知らずのこの藩でもなにか予感されていたようでもある。

そういう事態のなかで、秋月悌次郎が、抜擢《ばってき》された。藩としては京都にゆけば公用局を設置しなければならない。公用局は、藩外交をつかさどる。外交といっても実際の業務としては他藩の公用方と京都の酒楼で酒を飲み、情報を交換しあうことであった。実際には情報の交換などあまりなく、毎晩酒を飲むだけのくだらないものだった——ということは、この当時、一橋《ひとつばし》家の公用方として京都に出ていた渋沢栄一が、たしか『徳川慶喜《よしのぶ》公伝』の中で書いている。秋月も、そういう役目としてえらばれた。抜擢の理由は秋月に機略縦横の才があるということでなく、むしろ無さすぎるほどだった。理由は、かれが会津藩のなかでは多少とも世間を知っていたということであろう。

秋月は藩校日新館の秀才であったために十九歳のとき藩費で江戸留学を命ぜられ、幕府の大学である昌平黌《しょうへいこう》に学んだ。それも十年以上も在校した。昌平黌のぬしといってよく、ついには寄宿舎の舎長になり、学生身分ながら幕府から手当まで出たといわれている。昌平黌には諸藩の者がくる。このために、秋月の知人は全国にできた。その後、三十三歳で昌平黌を去ってから、諸藩の知人を訪ねて九州旅行もした。こういう経歴が——西国の有力藩ならなんでもない経歴だが——世間せまい会津藩としては稀少《きしょう》で、選考にあたって魅力的だったにちがいない。同時に奥州訛《なま》りがすくなくなっているということもあったであろう。

文久三年前半期の京都は、三大勢力が鼎立《ていりつ》していた。討幕を露骨に打ち出している長州藩と、保守家で、この時期とくに英雄的気負いがつよかった島津久光の指揮下にある（西郷隆盛は流謫《るたく》中だった）薩摩藩と、それに幕府の正規の治安機関として京都に最大の兵力（千数百人）を常駐させ、浪士結社の新選組を支配下に置いている会津藩とが、それである。

薩摩藩がどういう政治的志向をもっているのか、正体がよくわからなかった。

この時期以前の薩摩藩外交には西郷の印象がつよく、長州とともに革命的――とまでいえなくても抗幕的であるとされた。が、西郷が流されて久光が主導しはじめると、攘夷《じょうい》は攘夷ながら、国内問題では佐幕であり、とくに秩序維持の指向がつよく、過激な浪士たちの期待を裏切った。要するに外部からみればえたいが知れなくなり、長州の木戸孝允《たかよし》などは理解に苦しんだあげく、本気で「薩の本意は島津幕府をつくることにあるのではないか」と猜疑《さいぎ》した。

のちに久光がひっこんで西郷が登場し薩摩藩を主導したときも、木戸は西郷をも久光同然としてうたがい、木戸の西郷への猜疑は生涯ぬけなかった。木戸には見えなかったが、要するに幕末の京都外交における薩摩藩は投手が交代しているのである。第一期は西郷で、第二期は久光、そしてぎりぎりの討幕期になると西郷が登場し、時期ごとに政治的性格がちがうと見ていい。これを外部からみれば、平然と変貌《へんぼう》する奸悪《かんあく》な印象をうけた。薩摩人は習慣として藩の内情を決して外部に洩《も》らさないため、外部からみれば不気味な観さえある。

いまでも、この文久三年初秋での薩摩藩の内情がわかりにくい。

この時期、薩はにわかに佐幕派の――というより国家警察機関であるところの――会《かい》と同盟し、京都から革命派の長《ちょう》を追いおとしてしまったのである。幕末最大の政治的トリックはこの「薩会同盟」といわれる奇怪な政治事件だが、これほどのトリックを薩のたれが策謀したのかわからない。薩人は、語らないからである。明治後も、幕末における薩の機密に参画した者たちが往事を語るということを、ほとんどしていない。長州人は機密をすぐ洩らす、と高杉晋作《しんさく》がなげいた長州人の体質とこの点、ひどくちがっている。

この薩会同盟（とはいえ、三年後の慶応二年には薩摩は長州と極秘裏に薩長連合を結び、会津をほうりだしてしまうのだが）がおこなわれた時期、京都の薩摩藩邸には、めぼしい者がいない。久光は国もとにあり、大久保利通《としみち》もまたその久光のそばにいる。西郷は遠く沖永良《おきのえら》部《ぶ》島《じま》の流《る》人《にん》小屋で起き伏ししていたし、また西郷や大久保が尊敬していた小松帯刀《たてわき》も、鹿児島にいる。

この時期、京都藩邸にあって薩摩の外交をやっていた者は、四人の名前がうかぶだけである。奈良原繁《ならはらしげる》、吉井幸輔《こうすけ》、高崎五六《ごろく》（猪太郎《いたろう》）、高崎佐太郎（正風《まさかぜ》）で、いずれも二流の人物にすぎない。

兄貴株の奈良原は酒乱で、のちに沖縄県知事になった業績をみてもその思想は固陋《ころう》で粗放であり、ただ猛勇な剣客であるということと、久光に気に入られているということが、かろうじての特徴といえる。吉井幸輔は歌人吉井勇の祖父である。初期、西郷と仲がよかったが、のち久光との関係が濃厚になり、西郷から離れた観がある。明治後は政治の面に出ず、宮内省《くないしょう》の役人になった。高崎五六は明治後、西郷よりも大久保に接し、そのおかげで東京府知事をつとめたが、べつにこれという特徴はない。

最後に、高崎佐太郎の場合である。かれの政治的能力は、未知数だったといっていい。このとき満二十七で、前年二月、はじめて鹿児島を出て、他郷を知った。島津久光は文久二年閏《うるう》八月に京を去ったのだが、高崎の日記ではこのときはじめて伏見で久光に御目見《おめみえ》得している。このため、久光に愛顧された側近衆ともいえない。

ただ高崎日記でうかがえるのは、かれは大久保（在薩摩）に目をかけられているらしいことである。政治的には高崎は久光派か大久保派に属すべき存在かもしれず、すくなくとも西郷派ではない。なぜなら後年西郷が京にのぼってきて薩摩藩外交を切りもりしたとき、西郷に激しくきらわれ、国もとへ追いかえされた。西郷は好悪《こうお》の情が強かった。慶応三年十二月二十八日という日付の西郷の書簡では、西郷は高崎について「妖説を唱へ候はんと存じ奉《たてまつ》り候」と書いている。西郷・大久保は慶応年間に入って激烈に革命化し、武力による討幕を決意した。高崎はそれに対し佐幕論をたて、しつこく反対したらしい形跡がこの書簡にうかがえる。西郷にすれば、（高崎の亡父は久光の生母お由良《ゆら》に反対して処刑された。それからみても当然高崎は自分の与党であるかと思っていたのに、意外にも久光の与党だったか）という意味での憤《いきどお》りもこもっていたであろう。

西郷にきらわれたために、高崎の政治手腕はついに未知数におわった。明治後も大久保についたが、西郷についていない。明治政府の政治面にはあまり出ず、主として宮内省の役人として終始した。

ついでながら、この人物について百科事典ではどう書かれているかと思い、平凡社のそれをひいてみると、十二行の記事が出ていた。「高崎正風」（一八三六〜一九一二）とあり、冒頭に、

「明治時代の歌人」

と、規定されている。幕末に、西郷や大久保を出しぬいて会津藩と手を組んだとい

う大層な政治的トリック屋としては出ていない。記事を抜き書きしてみる。

鹿児島県に生まれ、桂園《けいえん》派の八田知紀《とものり》に歌道を学ぶ。1876年（明治9）御歌係、86年御歌掛長、87年男爵《だんしゃく》、88年御歌所長《おうたどころ》、……歌風は古今調の温雅流麗で桂園派に新生面をひらき御歌所派として後進を誘導した功績は大きい。

と、あくまでも歌人としての評価でしかない。

さて、会津藩公用局に籍をおく秋月悌次郎のことである。

会津の京都本営は、黒谷《くろだに》の金戒光明寺《こんかいこうみょうじ》にあった。城門のような黒門と、高い石垣をめぐらし、万一の攻防のときには十分に城塞《じょうさい》になりうる構えである。しかし公用局の職員は、市中に下宿している。

秋月は、鴨川《かもがわ》のほとりの三本木《さんぼんぎ》に下宿していた。障子をひらけば叡山《えいざん》が見え、夜は水の流れの音がひときわ高くなる。三本木はいまはそうではないが、このころはお茶屋（酒楼）の町で、諸藩の周旋方（公用方）は、主として、三本木で会合し、芸者をあげて遊んでいた。秋月はどうにも謹直な男だったが、京で酒楼の町に下宿していたところを見ると、この界隈のふんいきが嫌いではなかったのであろう。長州藩の公用方などは資金が豊富なせいもあり、木戸孝允や久坂玄瑞《くさかげんずい》のように、特定の芸者と特別な関係を結ぶ者が多かったが、会津藩は物堅い藩風だったせいか、そういう例はあまり見られない。秋月はどうだったかわからないが、ともかくも、貧しかった生家や、長すぎた昌平黌の寄宿舎時代をおもうと、脂粉と弦歌に満ちた夢のような環境だったにちがいない。

秋月が歴史の表通りに登場するのは、この年（文久三年）八月十三日夜である。舞台は、この三本木の自宅だった。夜、見しらぬ薩摩人が、前ぶれもなく、それも一人で訪ねてきた。高崎佐太郎である。

見知らぬというのは、あとで秋月から連絡をうけた同役の広沢安任《やすとう》がそう言っている。広沢の文章によれば、

是《これ》より先《さき》、佐太郎と相識者なし。

とあるが、そうだったに相違ない。薩摩藩と会津藩は、公用方でさえ、それほどに交通がなかった。革命勢力に属する者が警察当局と毎回会合をかさねていることが、普通ありえないのと同様かとおもえる。

日没後だから、高崎は格子戸《こうしど》をたたいたにちがいない。下宿先の家の者が、用心ぶかく格子ごしに、どこの何様かということをきいたに相違ない。この時代の京では、夜間に他家を訪れるなどよほど懇意な仲でないとありえない。高崎は懐中から、折り入って面晤《めんご》を得たい、という旨《むね》のことを書いた手紙をとりだし、格子戸の隙間《すきま》からさし入れて家の者に渡したかと思える。そのくらいの手数は、必要であった。

しかしそれにしても、高崎はこれほど重大な外交上の用件をうちあける相手として、会津藩にも何人かいる公用局員のなかでなぜ秋月悌次郎をえらんだのかということである。

高崎は、秋月の風貌や人柄ぐらいは、知っていたのかもしれない。秋月はのちに彼を知る者がみな言うように一見して温かさを感じさせる人柄で、寡黙《かもく》だが、いかにも信頼できそうな印象を人にあたえて、事実、そのとおりの男だった。

いまひとつ想像できるのは、高崎は同藩の重野安繹《しげのやすつぐ》（一八二七〜一九一〇）を通じて、秋月悌次郎の名をきいていたのではないかということである。重野は秋月とほぼ同時期に薩摩藩から昌平黌に入ってきた男で、秋月とともに俊才の双璧《そうへき》とされ、両者の交情が深かった。ただ重野の才質には秋月にくらべ飛躍力があるようだった。重野は明治後は東京大学で日本史の最初の教授になり、水戸史観（皇国史観）のいかがわしさを実証面から衝《つ》いた歴史家になった。このため政治の圧力でやがては大学を去らざるをえなかったが、この点、ごく保守的な漢学者として生涯をおえた秋月とのちがいは感ぜられる。

その重野が、

——会津の京都には秋月がいる。

ということを、高崎がこの前年（文久二年）に国を発《た》つときに言ったかもしれない。たとえそうでなかったとしても、京にいる諸藩の公用方で昌平黌を経た者はみな秋月に一目置くといった関係があったであろう。つまり高崎が、多くの会津藩士のなかからとくに秋月を選んだというそのための秋月についての評判は、どこでも聞けたはずである。

いっそ、秋月ならだましやすいということを高崎はおもったかもしれない。この時代、他藩への感覚というのはいまの国際関係の中の国々よりもそらぞらしく、ときに仇敵視してみる心理があった。とりわけ薩摩藩と会津藩では気心も知れがたい異国同士の観があったのではないかと思われるし、その心理の牆壁《しょうへき》をこえて相手と接触するには多少、甘ったるさのある相手のほうがいいのではないか。秋月は政治家ではない。後年のかれをみても、まず他人を信じきる所から関係を結ぶという男だった。

秋月は、高崎のいうことをきいて驚いた。

高崎は、長州藩とその傘下《さんか》の過激志士が公卿《くげ》を擁《よう》し、その公卿はほしいままに詔勅と称するものを志士たちにあたえ、それでもって幕府をゆさぶろうとしている、天下の乱はここからおこる、「貴意如何《いかん》」と、問うた。

秋月は即答できない。高崎のいうことを聴いていたが、抗幕姿勢をとる薩摩藩の公用方のいう言葉とは思えない。しばらく聴いてから、

「いまの説は、私見なりや」

と、反問した。高崎はかぶりをふり、これは薩摩藩の藩論である、と答えた。

京都の薩摩藩邸にはさきに触れたように、のちのように西郷や大久保はおらず、むろん久光もおらず、奈良原繁以下数人の頭株がいるだけである。高崎が「藩論也《なり》」としてここまで言いきる以上は薩摩へ急使を出して久光の訓令を仰いだのであろうか。

薩摩藩は、幕末のぎりぎりの時期には、京都と国もとの連絡を敏速にするために、兵庫沖に藩の蒸気船をつないでおき、手紙一本を運ぶために大坂湾と鹿児島を往来し

た。船は片道、三、四日で航走した。しかしこの時期にはそういう贅沢《ぜいたく》な通信法を用いていないはずだから、手紙の往来はそう敏速にできない。しかし顔ぶれからみて、独断ともおもえない。あるいは久光が、「京都の混乱が極に達した場合にはそのようにせよ」と言いのこしておいたのかもしれない。

翌日、高崎は秋月の案内で黒谷本陣にやってきて、松平容保に拝謁《はいえつ》し、薩摩藩の方針をはっきりとのべ、薩会同盟を結ぶのである。それまでの下相談として、会津側は重役たちを出し、高崎と綿密にうちあわせした。薩摩側はつねに高崎一人だった。おそらくあとで藩の方針が変れば高崎一人が腹を切るだけで済ましてしまえというぐあいになっていたものかと思える。このあたりは薩摩的なやり方であり、高崎自身もその覚悟でやったに相違ない。

宮廷への工作も、高崎がかねて薩摩藩が応援していた中川宮を通し、孝明天皇に対しおこなった。孝明天皇は長州ぎらいの佐幕家だったから、この薩会同盟のほうに乗った。

これによって八月十八日払暁《ふつぎょう》、会津兵と薩摩兵が御所をかため、九門をとざし、長州派公卿十三人の参内《さんだい》をとどめ、同時に長州藩に対し、それまでの義務——堺《さかい》町御門の守備——を解除し、淀《よど》藩にかわらせた。長州兵はおどろき、押しあいがあったが、結局は退去せざるをえなかった。また同時に長州派公卿は官位を剝《は》ぎとられ、庶人におとされて御所を追われた。この夜、いわゆる七卿落《しちきょうお》ちがあり、長州軍の大挙帰国がある。以後、長州人が「薩賊会奸」として薩会を憎みつづけたのは、このときからである。翌元治元年夏に大挙京に乱入し、いわゆる蛤御門《はまぐりごもん》ノ変があって、ふたたび薩摩兵と会津兵のために追いおとされた。蛤御門ノ変のときには西郷が上洛《じょうらく》していて、直接戦闘の指揮をとった。

が、このときは薩会同盟の功労者である秋月は京にはいなかった。かれは同藩の者たちにその功を嫉妬《しっと》され、北海道警備の代官に遷《うつ》されてしまっていた。

その後、時勢は変転した。薩摩は会津をすて、長州と結び、慶応四年正月、鳥羽《とば》伏見で徳川軍先鋒《せんぽう》の会津軍に対し、薩軍から発砲し、攻撃した。会津軍はかつての同盟者と激戦し、しかも敗北した。

この結果、徳川慶喜《よしのぶ》は大坂から江戸に奔《はし》り、会津軍も同行したが、慶喜の命令で江戸を去るべく強制された。慶喜の都合では、薩長と戦った会津軍が江戸にいてはかれの恭順外交がうまくゆかないのであった。会津軍は砲を曳《ひ》き、負傷者を荷車にのせて江戸を去り、会津盆地に帰った。秋月も、この時期には北海道を去ってこの敗者の列のなかにいた。会津若松城の攻囲戦とその後の会津人集団の悲劇は、この時からはじまる。

話を秋月にもどす。

といって、私は秋月について多くは知らない。かれは明治後、諱《いみな》の胤永を正称とした。私はタネナガとよんでいたが、当人はカズヒサと訓《よ》んでいたことを最近、秋月一江氏からきいて知った程度である。

ただかつて『竜馬《りようま》がゆく』や『峠』などで幕末の政治的事態を調べていたころ、何度も「薩会同盟」という曲り角を往き来した。そのつど、秋月悌次郎という名前が出てくるのである。

もっともこの同盟工作の場合、高崎が能動者で秋月は受動者にすぎなかったため、高崎のことだけを調べ、秋月についてはその煩《はん》を避けた。避けつつも秋月は妙な人物で、その挙動に人間としての体温を感じざるをえなかった。

気になっているうちに、『韋軒遺稿《いけん》』という、かれの文章をあつめた小冊子を手に入れた。読んでも江戸末期の武士としてのかれの篤実《とくじつ》な性格がわかるだけで、時勢を切り裂くような思想があるわけではない。

ただそのなかに、いくつかの詩がある。かれはかくべつに詩がうまかったわけではないが、そのなかに異常な迫力の一篇がある。「故アッテ北越ニ潜行シ、帰途得ル所」という類のもので、会津若松城が落城したあとのものである。

会津藩はその城の落城後、寒冷不毛ともいうべき下北半島に移されて、この藩出身の新政府への反逆者永岡久茂の詩にいう「二万ノ生霊方《まさ》ニ飢ニ泣ク」という生地獄そのままのひどい戦後処置をうけるのだが、この詩はその処置が決まるすこし前に作られた。

秋月は官軍の寛大を乞《こ》うべく会津から北へ潜行して越後《えちご》の官軍本営へゆくのである。その本営には、旧知の長州人奥平謙輔《おくだいらけんすけ》がいた。奥平はかつて秋月を尊敬することがあつかった。秋月はともかくもひそかに往き、この奥平に会った。るると会津藩の過去の立場を釈明し、窮状《きゆうじよう》を訴え、官軍の寛容を乞うた。奥平は秋月を手厚く遇したが、しかしかといってかれひとりで左右できるわけではなかった。秋月はいわばむなしく帰途についた。

その帰路、会津柳津《やないづ》から会津坂下《ばんげ》にくだる七折峠《ななおれとうげ》という山坂で、気持が絶望的になって詠《よ》んだのが、左の類の詩である。国破レテ山河アリという式の亡国を詠んだ詩は多くあるが、その多くは歴史回顧のもので、秋月のように現実に亡国をひきずって歩いた者の詩は、すくなくとも日本では秋月をふくめた会津人の数篇しかないようにおもえる。

行くに輿《こし》無く、帰るに家無し
国破れて孤城、雀鴉《じゃくあ》乱《みだ》る
治《ち》、功を奏せず、戦《たたかい》、略《りゃく》無し
微臣、罪有り、復《また》何をか嗟《なげ》かん
………

詩は長いが、最後に、「何《いず》れの地に君を置き、又親を置かん」と結んでいる。機略の才があるわけでもない秋月が、きまじめな性格だけをもとでにしてかぼそく走りまわり、ついに途方に暮れている姿が、哀れなほどに出ている。この時期の敗残の会津藩は、秋月のきまじめだけに一藩の運命を賭《か》けていたようであり、この権謀能力を欠いて一薩摩に利用され、最後には慶喜にさえ裏切られた会津藩のあわれさが、秋月の息づかいを通してよく出ている。

明治後、秋月は薩長の連中に記憶されていて東京によばれ、左院《さいん》議官になったりした。しかし自分だけが官を得るに忍びないとし、やがて辞した。その後ふたたび東京に出て私塾をひらいたりしたが、明治二十三年、六十七歳で熊本の第五高等学校によばれ、漢文を教授した。

熊本には、五年いた。七十二歳で国に帰るために職をやめ、七十七歳、東京で没した。

熊本での在職中、かれは幕末のことを語るわけでもなく、ただ漢文を教え、休日には自宅に生徒をよんで酒を飲んでいたにすぎなかったが、よほど慕《した》われたらしく、秋月の没後三十五年経《た》って、同窓会から『秋月先生記念』という、かれの印象をそれぞれが書いた本が出ている。私はこの本を会津若松市の図書館で見て、頁《ページ》をめくるうちにかれの熊本時代、小泉八雲がやはり在職（明治二十四年から同二十七年まで）していたことを知った。

八雲は言葉の通じない、この老人をひどく崇敬し、つねづね秋月先生は煖炉《だんろ》のようなひとだ、近づくだけで暖かくなる、といったり、ついには神だと言いだしたりした。

「この学校には二方《ふたかた》の神がおられる。一方は私が奉じている白衣を着たキリストであり、もう一方は、黒衣を着ておられる」といったりした。秋月はいつも黒紋服で学校に出ていた。

　こういう人物が幕末の会津藩の外交官だったことを思うと、新選組を使う以外はほとんど権略的な外交をせず、一見、時勢の中で居すくんだようでもあった会津の京都守護職というものの性格の一部が、すこしわかるような気もする。

　その在職中のある日、秋月は教壇に立って、いつものように本をひろげることをせず、よほど時間が経ってから、じつは昨夜、文久三年以来三十余年ぶりの友人が訪ねてきて、そのために終夜、痛飲してしまった、といった。秋月が詫《わ》びているのは、要するに下調べができなかったために今日は授業を勘弁してもらいたい、ということで、かれはていねいに一礼すると教室を出て行った。

　昨夜きた戊辰《ぼしん》以来三十年ぶりの友人とは、宮内省《くないしょう》の顕官である高崎正風である。

　正風の伝記の中の熊本紀行をみると、かれは明治二十六年一月末に熊本に出張している。その一月三十一日の項に、

「朝のほど、雨ふる。秋月胤永来訪」

とあり、また二月六日のくだりにも、

「朝霧ふかし。秋月胤永来訪」

と、ある。秋月が終夜痛飲したというのは、この両日のどちらかはわからないが、いずれにしても「薩会同盟」の当時のことを語って語りあかしたに違いない。冷静にいえば、「薩会同盟」は結局のところ薩摩藩にだまされるたねをまいたに過ぎないが、しかし秋月は高崎を前にしてそういう恨みもいわず、ひたすらに当時を懐《なつか》しみ、翌日の授業もできないほどに飲んでしまった。

このあたり、いかにも秋月らしい人の好《よ》さを感じさせるが、しかしむしろ秋月にとってこの思い出は同藩の者を相手ではしづらいという機微もあったかもしれない。文久三年八月同床異夢の政敵だった高崎を相手に語るときのみ、往事を回顧して手ばなしに感傷的になりうるという微妙な何かがあったに相違ない。秋月はこのとき七十歳である。

（「オール讀物」一九七四年十二月号）

第三部

新選組

乱世には、えたいの知れぬ才子があらわれる。清川八郎がそれである。

羽前国《うぜんのくに》東田川郡清川村の出身で、父は斎藤治兵衛という郷士《ごうし》であった。この家は代々治兵衛を襲名する家だったという。百姓とはいえ相当な富農だったにちがいないが、しかし武士の社会に出てみればたかが出羽百姓の子である。かれは斎藤を名乗らず、出身の村の名をとって清川八郎というペンネームのような名前をつけた。覚えやすくもあった。スターリンが、イオシフ・ヴィサリオノヴィッチ・ジュガシヴィリという、百度唱えても記憶できない本名をつかっていたら、かれの運命はちがったものになっていたろう。革命家の名は、それが大衆の合言葉になるために、できるだけ覚えやすいものがいい。

八郎が志をたてて江戸へ出たのは、十八歳のときである。剣を千葉周作に、学問を安積艮斎《あさかごんさい》にまなんだ。どちらも卓抜した才があり、学ぶこと数年でみずから私塾をひらき、文武を教えた。

かれは、おのれの才を世に問おうとした。かれは縦横家の才があり、とても町の学芸の師匠でおわれる男ではなかった。ところが、かれの活躍の足場となるべき藩をもたなかった。こういう男の当然の道として、革命ブローカーになった。かれが薩摩《さつま》か長州の藩士にうまれていれば、あるいは維新の元勲になっていたかもしれない。

かれが最初に接触したのは、幕臣のなかでも時代感覚の鋭敏な山岡鉄太郎と高橋伊《い》勢守《せのかみ》であった。かれらに大いに攘夷《じょうい》論を鼓吹し、自分の才気を売りこんだ。頭のいい幕臣のあいだで、清川の名はしだいに知られるようになった。

もっとも、攘夷論というのは清川の専売ではなく、当時の知的世論だった。のちの新選組も長州勢力も、攘夷論という点ではかわりはない。攘夷論さえとなえれば知識人とみられたし、それを遊説すれば志士と称せられた。清川は山岡らをけしかけ、

「貴公ら新進有望の旗本の士が幕府の頽勢《たいせい》をもりかえさねば、たれがそれをする。しかるのち、幕閣をして攘夷を断行せしめねばならぬ」と説いた。初期の清川八郎は、佐幕派である。

ところで、幕府には頭痛のたねがあった。幕末も文久年間に入ると、諸藩の血の気の多い者があらそって脱藩し、京にのぼって「浪士」になることが流行しはじめたの

である。当時、浪士という言葉は浪人と区別されて使われていた。浪人とは扶持《ふち》を離れた者だが、浪士はみずから扶持をすて、志をもって藩を脱走した者をさす。

これらの「浪士」が続々と京に流入し、若い公家《くげ》を煽動《せんどう》したり、公家と諸藩の間を周旋したり、攘夷的色彩のもっとも濃い長州屋敷に出入りして、桂《かつら》小五郎ら実力派の手駒《てごま》につかわれたりした。かれらは、京での生活に窮するにつれていよいよ尖鋭《せんえい》的になり、革命の到来の一時も早いことを翹望《ぎようぼう》して矯激な言動に出る者が多くなり、幕府としては、捨てておいては、これら「浮浪之徒」が西国の大藩を説きつけて天皇を擁し、京都で政権をつくるおそれもあった。なんらかの手をうたなければならなかったが、しかし幕府にはそれを制御するだけの政治力もなく、弾圧するには、手が白すぎた。その役の手先きとなるべき旗本御家人は、繊弱な都会人になりすぎていた。

卓抜なプラン・メーカーであった清川八郎は一案をたて、幕臣松平主税介《ちからのすけ》忠敏を通じて、時の政事総裁職松平春嶽《しゆんがく》に上書し、
一、幕府の職制外に一つの武力集団をつくる。
一、その組織に、天下非常の士を徴募し、心力を幕府に尽さしめる。
一、形態は浪士団ながら、これを官制下のものとするため、旗本のなかから豪傑卓犖《たくらく》不群の士を二、三えらんで総宰せしめる。

文久二年十二月八日、幕議はこれを採用した。

毒をもって毒を制するようなものだが、家康以来、軍事体制のまま天下の政治をとってきた幕府の治安維持力は、こういう革命勢力の前にはほとんど無力に近くなっていたことがわかる。いいかえれば、幕府の正規兵には、幕府の危機を担当する実力も気力もなくなっていた。武士集団である幕府が自分の危機をまもるために傭兵《ようへい》を用いねばならなくなったのである。歴史がえがいた痛烈な諷刺画《ふうしが》といっていい。

幕府では、講武所剣術教授方松平主税介をして徴募にあたらしめたところ、たちどころに二百五十余人を得た。

いずれもあくのつよい男ばかりで、清川八郎、石坂周造、池田徳太郎など創立同人のほかに、根岸友山、分部《わけべ》総左衛門、山本仙之助、近藤勇《いさみ》、土方歳三《ひじかたとしぞう》、芹沢鴨《せりざわかも》などがいた。

幕府は鵜殿鳩翁《うどのきゆうおう》をして浪士の取扱いにあたらしめたが、翌文久三年の春、京都に行動的な尊王攘夷論が沸騰《ふつとう》しはじめたのをみて、この傭兵隊をいよいよ京都で使用することに決し、二月八日江戸を出発せしめた。

かれらをとりあえず、洛外《らくがい》壬生《みぶ》村の寺院、郷士の屋敷に分駐せしめて市中の警備にあたらせたが、浪士団の頭目格である清川は、着京早々奇妙な行動に出ている。

ひそかに尊王倒幕派の志士と接触しはじめたのである。かれの素志が尊王倒幕であるというよりも、かれの慧敏《けいびん》な眼が、すでに時勢が回天へむかいつつあることを洞察したのであろう。首鼠《しゅそ》両端を持して機をみて乗りかえる用意をしておくのは、徒手空《としゅくう》拳《けん》の才子としてやむをえない思案だったのかもしれない。

かれは、当時、過激派の青年公卿《くぎょう》の巣窟《そうくつ》であった学習院に出頭し、またまた例の建議癖を出し、上書をした。趣旨は「われわれ浪士一同、朝廷のために誠忠をつくすつもりである」というのであった。幕府の官費でつくった傭兵隊を、そのまま敵方へ売りこむようなもので、これには幕府方も狼狽《ろうばい》し、別に理由をかまえて江戸へ引きあげさせた。浪士団の滞京わずか二十日であった。フランス革命における有能なオポチュニストだったジョセフ・フーシェは天寿を全うしたが、サムライが起した日本の明治維新は、清川のような男を生かしておかなかった。清川は、江戸にかえってからほどなく、芝赤羽橋付近で佐々木唯三郎《ただきぶろう》らのために殺された。

このとき幕命によって帰東したのが新徴組であり、京都の壬生に残留したのが、新選組である。

残留組わずか十数名だった。芹沢鴨、近藤勇、山南《やまなみ》敬助、土方歳三、永倉新八、沖田総司らで、かれらは、残りはしたものの、なんら法制的な存在でもなく、経費がどこから出るあてもない。思案したあげく、京都守護職松平容保《かたもり》に歎願《たんがん》することになった。この時期の指導者は、近藤よりも芹沢であったらしい。

それまでの京都における幕府の機関は、京都所司代と町奉行であったが、これらの機関では、跳梁《ちょうりょう》する過激浪士の弾圧や、複雑化した朝幕関係を処理することができなくなっていたために、その前年の文久二年閏《うるう》八月、京都守護職を設け、初代松平容保に相当な専断権をあたえて二条城におらしめた。芹沢、近藤らは、宿所の壬生郷士八木源之丞方（現存）から婚礼用の裃《かみしも》を借用して登城し、「われわれこそ幕府のために身命をなげうつ志の者である」と開陳し、新しい浪士隊の結成を歎願した。

即日、容保は許可し、かれらの身分は京都守護職の「御預《おあずかり》」ということになった。容保には五万石の役料が出ているから、最初の経費はここから支出されたものだろう。このときに新選組が誕生し、かれらが最も好んだ「会津中将様御支配」という権威ある肩書きがつくのである。

この日の模様については、子母沢寛《しもざわかん》氏が、昭和三年にかれらの宿陣であった壬生の八木家を訪ね、当時の模様を記憶している当主為三郎氏から次のような挿話を取材されている。

この日、芹沢や近藤が戻ってきた（二条城から）のはもう夜になってからでしたが、芹沢は真赤な顔をして酔っているようでした。

「拝借の上下で、一同紋どころが同じだから会津中将の御重役も驚いたろうな。しかもまア八木さん（為三郎氏の父）、我々も万事上々の首尾だったから喜んで下さい」

と、こういう意味のことをいって、

「こんな愉快はない」

と大喜びでしたが、父に酒の無心をして、何でも一同で徹夜で飲んでいたようでした。

（子母沢寛氏『新選組遺聞』）


かれらがなぜこれほどに狂喜したのか。私は、両刀をさして武士のスガタだけはしていた彼等が、これによってホンモノの武士としての格付けをされたという階級的な喜びであったろうと思う。

この十数人のなかで、武士だったのは水戸浪士の芹沢鴨、同野口健司、同新見錦《にしき》、同平山五郎、同平間重助、仙台脱藩の山南敬助ぐらいのもので、近藤系の者は、浪人の子か、百姓の崩ればかりだった。

近藤勇は、武州多摩川のホトリの調布石原村の農家の出である。幼少のころから剣を好み、八王子で道場をひらく近藤周助について天然理心流《てんねんりしんりゅう》の剣を学び、見こまれて周助の養子になった。

ところが周助も、武士ではない。武蔵境小山村の百姓の出である。百姓、町人がみだりに苗字を名乗り、帯刀するなどは、幕府体制が堅牢《けんろう》なころはありうべからざることだったが、このころでは、庶人のあがりで、剣客、儒者になれば、そういう風体をすることが大目に見られていたのだろうか。しかしいかにかれらが風体だけは侍の真《ま》似《ね》をしているとはいえ、人別帳には、おそらく苗字はなかったろう。身分も百姓だったはずである。

土方歳三も武州多摩郡石田村の百姓で、江戸に出て薬の行商などをしていたらしい。かたわら、近藤の道場である「試衛館」で剣をまなんでいた。

例の清川の浪士徴募の件が府内に触れだされたとき、近藤は門弟をあつめ、

「いまどき、こんな田舎で道場剣術をやっていても仕方があんめえ。ひとつ、みんなで応募して風雲のなかに乗り出そうではねえか」といった。

調布在の百姓道場である「試衛館」などというのは、江戸の内外にあまたある町道場のなかでも実力は三流、経営規模は四流程度のもので、近藤ほどの器量の者が、この風雲の時代に、この道場のあるじとして安住するには貧弱すぎたのであろう。

土方歳三、沖田総司らがこれに従い、隊内で試衛館閥をつくり、この結束が、盟主近藤勇をして新選組の総帥《そうすい》の位置にのしあげてゆくのである。

新選組結成当時は、隊内の系列は複雑で、どちらかといえば芹沢閥が強勢だったようである。近藤、土方らは、はじめ、表面ではこれに従いながら、ひそかに斃《たお》して主導権をにぎる機会をうかがっていた。

芹沢は、典型的な無頼漢だった。たとえば、四条堀川の呉服商菱屋《ひしや》でしばしば着物を買った。金をはらわず、番頭が何度も足を運んだが、

「後日、後日」

といって払う気配もない。主人の太兵衛が男よりも女のほうが交渉しやすかろうと思って、妾《めかけ》のお梅というのを壬生の屯所にやった。芹沢は掛けあいにきたこのお梅を白昼手籠《てご》めにして、情婦にしてしまい、借金もうやむやにしてしまっている。

芹沢の乱行がかさなるにつけ、謀才のある土方は近藤に、かれを斃すことを献言した。むろん、粛清によって試衛館閥が権力をにぎろうとするためだが、それだけでは

ない。

これは、のちの新選組の性格を知る上で非常に重要なことだが、近藤、土方には、武士道についての病的なほどに強い美意識があった。

かれらは武士にあこがれて剣術を学び、幕府の御用浪士になることによって公認の武士になったが、それだけに、現実の武士以上に武士たろうとした。近藤、土方は、「士道不覚悟」という理由でどれだけ多くの隊士に切腹を命じたかわからないが、江戸中期までなら知らず、こういう酷烈なばかりの武士道主義は、当時の世間では、よほど田舎へでもいかなければ見られなかった。百姓あがりの近藤、土方が、武家出身の芹沢を、

「士道不覚悟」

をもって嫌悪《けんお》した。出身についての劣等感があっただけに、必要以上に士道的な美意識をこの二人はもっていた。

しかし、その粛清の仕方はあくどい。当時の武士階級の者なら、とうてい思いつきもしないほどの陰険な手段を用いている。美意識では武士だが、やり方は武士ではない。ロシア革命における貴族出身の革命家と労働者出身の革命家との性格の相違を思いだすがいい。党内の派閥闘争における近藤、土方の陰険な知恵は、先祖代々、地頭

に支配されてきた階級の出身者のみがもつ特有のものといえるだろう。

芹沢が殺された日、夕方から芹沢、近藤、土方は、隊士全員を連れ、島原の角屋《すみや》へくりこみ、一同かつてないほどに泥酔《でいすい》した。泥酔させるように土方が運んだのであろう。

ちなみに、近藤、土方はあまり酒がのめず、芹沢は名うての大酒家だった。この夜、かれは正体がないまでに泥酔した。

芹沢は、その子分平山五郎、平間重助とともに壬生八木源之丞家を宿所にしていたが、三人が八木家にもどってきたのは、当夜の十時ごろであった。八木家の下男が玄関からかつぎ入れたほどにかれらは酔っていたという。

角屋での酒宴で酔わなかったのは、近藤と土方、それに沖田総司、原田左之助など、その一党だけだったろう。

深夜、この四、五人が、息を殺して芹沢の寝所に忍びこんでいる。芹沢は、お梅を横に寝かせ、下帯もつけぬ素っ裸で熟睡していた。侵入者は、芹沢の刀を遠くへほうりなげ、一刀をあびせかけると、芹沢はけもののような声をあげて起きあがった。

逃げようとする背後を、たれかが一太刀あびせようとしたが、剣尖《けんさき》が高すぎたためにカモイに切りこんだ。そのすきに芹沢は縁側へのがれたが、たちまち物に蹴《け》つまずいてころび、そのすきにつけ入った刺客のために致命傷を受け、さらに数歩、足をもがかせて別間へ倒れこみ、そこでなますのように切られた。

お梅も、ふとんの上で惨殺《ざんさつ》され、死体は、みだらな姿になった。別室に寝ていた平山五郎も首のない死体になって、あとで発見された。平間重助のみは難をのがれて屋外に出、そのまま新選組を脱走して世間から消息を絶った。

近藤閥の者は、当時、八木家のむかいの前川家を宿陣にしていたが、八木家からの急報をきき、なに食わぬ顔をして近藤以下がやってきた。

かれらは惨殺現場をしさいに取りしらべ、まことしやかに「長州の奴《やつ》ではないか」などと犯人の詮議《せんぎ》ばなしをしたりした。八木家の家人は、その演技のしらじらしさに慄然《りつぜん》とした。

芹沢の葬儀は、文久三年九月二十日、新選組の手で盛大に行なわれている。内外には病死と公表された。近藤は、友情あふるる弔辞を読んだ。近藤にすればこの葬儀は、いくら盛大にしても盛大すぎることはなかったであろう。なぜならば、この日をもってかれは新選組の主導権をにぎったからである。

この後、隊士はふえ、京における新選組の実力と活動は、倒幕勢力をふるえあがらせたが、なかでも元治元年六月五日の池田屋の斬《き》り込みがその活動の白眉《はくび》といってい い。

池田屋事件については紙数がないから紹介は割愛するが、これによって新選組の戦闘力は、高く評価され、松平容保に対し、幕府から「感状」まで出ている。くわしく調べないとわからないが、元和偃武《げんなえんぶ》以来、島原ノ乱をのぞいては、幕府が感状を出したのはこのときぐらいのものではないか。よほどの武功とみられたはずである。

話は前後するが、新選組には奇妙な武勇譚《だん》もある。ついでに触れておく。

新選組は、その隊費を潤沢にするために、大坂の鍼医《はりい》出身の副長助勤《じょきん》（中隊付将校）山崎烝《すすむ》などを下坂させて、鴻池《こうのいけ》などからしばしば金を無心していたが、芹沢鴨、近藤勇みずから出かけることもあった。

文久三年七月十五日、この二人が同勢をつれて下坂し、京屋忠兵衛方に投宿した。夕刻大川に納涼し、中之島の鍋島浜《なべしまはま》で涼み舟をすててキタの新地に繰りこもうとした。途中、むこうから酔歩を運んできた大坂相撲の一人がたわむれて両手をひろげ、行く手をさえぎった。

芹沢は、ものもいわず抜き打ちでその酔漢を斬りすてた。そのあと、新地の住吉屋で大いに遊興したが、にわかに下の路上がさわがしくなったので見おろしてみると、力士五、六十人が手に手に樫《かし》の八角棒をにぎって怒号していた。復讐《ふくしゅう》にきたのである。たちまち狭い路上は修羅場になった。このとき力士は数名斬殺《ざんさつ》され、新選組側は手傷を負った者もなかった。乱闘は、途中で駆けつけてきた相撲の年寄が詫《わ》びを入れ、力士側の斬られ損でおわった。

近藤は翌日、奉行所に出頭し、右の次第を届け出て去ろうとした。係り与力は、大坂では当時、名与力として市中で評判の高かった内山彦次郎である。内山は、市政官として当然のことをいった、「すでに数人の死人が出ている以上、届け放しでは済まされませぬぞ」。

近藤の顔に怒気がのぼった。なぜかれが怒ったかを推察するに、内山は、新選組を「浪人」とみたのである。武士ならば、その身分の者が事故を起した場合、所属藩が処置するが、浪人、町人などの場合は町奉行所が担当する。武士のつもりの近藤にとって、これほど自尊心を傷つけられたことはなかったろう、「心外である」と近藤はいった。「われわれは京都守護職支配の者で、町奉行所の取調べを受ける身分の者ではない。御用があれば、京都守護職にかけあわれよ」

席を蹴って奉行所を出た。京都にもどってからもこのときの不快が消えない。十カ月も憎みつづけたあげく、元治元年五月、沖田総司、原田左之助、永倉新八、井上源

三郎の四人の腹心をよんで、

「大坂へくだって内山を斬れ」

と命じている。ここに近藤の本質がある。近藤が幕府に対する純粋な忠誠心で働いているとすれば、幕吏でありしかも良吏である内山彦次郎を斬るはずがない。かれは病的なまでに権威のすきな男で、そのくせ、内実は百姓のあがりであった。内山のなにげない一言が、近藤の階級への病的な意識に突きささってしまったのである。

同月二十日、内山が奉行所から駕籠《かご》で退出したときはすでに薄暮だった。四人の刺客は大胆にも奉行所からほど遠からぬ天満橋《てんまばし》の橋の上で待ち伏せ、押しかこんで討とり、首を橋の畔にさらしている。

新選組の隊士は、近藤、土方だけでなく、みな武士になりたかった。その希望を一剣にかけてかれらは集まってきた。あわよくば旗本になれる、と考えていた。旗本こそは、薩長《さっちょう》などの陪臣とはちがい、武家のなかの武家であった。新選組の異常なエネルギーの根源には、こういうひそかな期待があったのではないか。

ところが、それは、夢ではなく現実化した。慶応三年三月、隊士二百四十数名が、全員旗本に取りたてられることになった。隊士一同は、狂喜した。

近藤は御見廻組《おみまわりぐみ》頭取格。副長の土方は、同肝煎《きもいり》格、助勤は御見廻組格、その他は御見廻組並という格式で、この後、近藤は、二条城に登城するときは、大身の旗本としての行列をととのえた。近藤は、ついに「浪士」ではなくなった。しかしかれらにこの権威をあたえたかんじんの幕府は、ほとんど崩壊寸前にあった。その年の十月に、将軍慶喜《よしのぶ》は大政奉還を朝廷に奏請し、十二月に王政復古の大令が発せられている。翌明治元年（慶応四年）正月、新選組は鳥羽《とば》・伏見の戦いに参加して大坂へ敗走し、大坂から幕府の軍艦で江戸へ走った。

鳥羽・伏見の戦いの直後、京都の政府は、将軍慶喜以下の官位を剝奪《はくだつ》したが、江戸にもどった近藤は、ほとんど無力化した江戸の政権から「若年寄格」という格式をもらった。この職は老中の次席で万石以上の譜代大名をもってあてられ、官位は五位の朝散大夫《ちようさんだゆう》である。つまり、大名になったのと同然だったが、しかし政権をうしなった幕府にはすでにかれに知行地をあたえる権能はなくなっていた。倒産した会社が振りだした手形のようなものだが、近藤はそれでもよほどうれしかったのか、幕臣のなかでも名族である大久保の姓を名乗り、名も大和《やまと》とあらためている。大和守《やまとのかみ》と称したかったのだろうが、幕府には官位の奏請権がなくなっていた。

土方も寄合席格になり、これまた幕臣の名姓とされる内藤を名乗り、名を隼人《はやと》とあらためた。武州多摩川のホトリから出てきた百姓の子としては、稀有《けう》の出世だった。

しかし、かれらに若年寄格、寄合席格の空手形をあたえてよろこばせ、感奮して死につかしめた幕閣の要人はたれだったのだろう。ほどなく近藤は流山《ながれやま》で捕えられ、板橋で刑死し、土方はその後五稜郭《ごりようかく》に立てこもって戦死している。両人ともその最期《さいご》はみごとだった。武士にあこがれたかれらは、事実、日本最後の武士として、武士らしく死んだ。男として、やはり幸福な生涯だったといえる。

（「中央公論」一九六二年五月号）

左衛門尉《さえもんのじょう》の手紙日記

幕末の能吏である川路聖謨《かわじとしあきら》（一八〇一〜六八）は、通称は三左衛門、のちの官称は左衛門尉、性行、進退ともども、すがすがしい印象を後世にあたえている。

この人物については、悪《あ》しざまに言いようがない。幕末の困難な時代、内政と外政をよく処理し、しかも幕府の歴史的命脈がすでに尽きていることをひそかに予感しつつ、そのことで政治的激情を噴出させることなく、自分の職務だけを忠実に履行した。

かれは江戸後期にうまれ、幕末のぎりぎりのころはすでに老齢のためにいっさいの幕政に関与していない。一八六八年、江戸開城の報に病床で接し、その翌日、部屋から家人を去らせ、自害した。平素、明るい気分の人物で、ユーモアも解した。そのせいか、自害までが、暗い印象をあたえない。

自害は、こんにちの印象を通し見るべきではない。武士としての倫理規範のもっとも大きなものであり、であればこそ四民の上に立つとおもわれていた時代のことである。川路は、自分が禄《ろく》を食《は》んできた王朝に殉じたのだが、しかし旗本八万騎といわれたなかで、かれのように幕府の終焉《しゅうえん》とともにみずからを葬《ほうむ》ったという例を知らない。

——さすがに川路は三河武士だ。

と、当時、この死について言うひとがいた。しかし川路の祖先は三河ではない。旗本ですらなく、かれの代になってにわかに旗本になった。累進《るいしん》して佐渡奉行になり、ついで奈良奉行、大坂町奉行、などを経て、顕職である勘定奉行の職につき、のち外国奉行にもなった。いずれの職にあるときも、無欲で、かつ異数の業績をのこしている。

川路の人格的印象については、その五十三歳のとき、一八五三年、長崎でロシア使節プチャーチンに応接したときの姿が、ロシア側の随員のゴンチャロフの『日本渡航記』——原題『軍艦《フレガート》パルラダ号』のなかで活写されている。

プチャーチンは、遠く日本へゆくにあたって、その大航海と未知の国々とくに日本との接触について、国家もしくは社会に対し（当然、他国語に翻訳される）報告する必要を感じた。記録は正確・精密であらねばならないし、また高度に文学である必要があった。さきに、欧露のクロンシュタット港からはるかに世界を周航してきたロシアの艦長クルーゼンシュテルンもゴローニンも、不滅の価値をもつ紀行を書いている。プチャーチンにはそれらへの対抗心もあったにちがいない。

かれは自分にその才能がないために、すぐれた文学秘書をさがしていたところ、大蔵省の八等官で、すでにいくつかの作品を書いているゴンチャロフという四十代の成熟した才人を得た。

ゴンチャロフはとくに人物の描出に卓越していた。どういう人間に対しても、その外貌《がいぼう》やちょっとした物腰をとおして本質をとりだし、ふたたび骨格をあたえ、筋肉と皮膚をかぶせ、ときにはその人物の過去と未来まで匂《にお》わせるまでの能力をもっていた。ただし、対象の陰翳《いんえい》を濃くする場合、多少の意地のわるさという暗色を過度に加える性癖がないでもなかったが。

かれにとって、長崎で見た日本人は、ヨーロッパ人の規準からみてよほど劣ったものとしての印象をうけた。個別的にも、卑屈で物識《し》らずの連中を多く見た。そのことは、ゴンチャロフ自身に欧州優位意識がつよすぎることと、欧州文化以外に価値をきめる尺度をもっていなかったことに、その理由がもとめられる。かれにとっては、西洋風帆船、巨大な石造建造物、さらには重砲と要塞《ようさい》をもたない長崎港など野蛮そのものにおもわれたように、日本人の口からむき出されている「ピアノの鍵《キー》」のような反《そ》っ歯《ぱ》や、子供っぽい浅薄な身動きにもおなじ類型の愚かしさを感じた。ただあざやかな例外は、川路であった。かれは川路の聡明《そうめい》さと気品について、長い行数をさき、毛彫りでも彫るような綿密さで、倦《あ》くことなく書いている。この当時、川路は、ロシア使節に会うために江戸からくだってきた。資格は幕閣使節の次席で、首席の筒井とともに使節団と密度濃く対話をした。

この川路を私達は皆好いていた。（中略）川路は非常に聡明であった。彼は私達自身を反駁《はんばく》する巧妙な論理をもっていて、その知力を示すのであったが、それでもこの人を尊敬しない訳には行かなかった。

私の気に入ったのは、川路に話しかけると、立派な扇子をついて、じっと見つめて聴く態度である。話の中程まで彼は口を半ば開いて、少し物思《ものおも》わしげな眼附になる――これは注意を集中した証拠である。額に浮いた微《かす》かな皺《しわ》の動きには、彼の頭の中に一つ一つの概念が集って、聴いている話の全体の意味がまとまって行く過程がはっきりと現われていた。話の半《なかば》をすぎて、その大意を摑《つか》んでからは、口は固く閉じ、額の皺は消え、顔全体晴々となる。彼はもう何と答えたらよいか知っているのだ（井上満・訳。岩波文庫）。

以下、川路についてのべる。

父内藤吉兵衛は、多少学問のある浪人であった。代々甲州のどこかで耕作していたというから、浪人というよりありようは農民であったらしい。

吉兵衛は若いころ、遠く九州の日田《ひた》（豊後《ぶんご》・大分県）まで流れて行ったというから、あるいは日田の代官所に職を得ようとしたのではあるまいか。日田は九州における天領（幕府直轄《ちょっかつ》領）の治所で、代官は十五万石を統《す》べている。

代官所役人に手附《てつき》（幕吏）と手代《てだい》（現地の農民から採用）があることは、この欄*ですでにふれた。吉兵衛は手附の高橋小太夫に敬愛され、手附か、それに準ずる職を得、さらにはその妹を妻にし、弥吉を生んだ。

しかし、ほどなく辞した。甲州で田畑を売り、江戸に出てきて下谷に住み、やがて下級幕臣（徒士《かち》）の株を買って牛込の徒士組屋敷に住んだ。この例で見ても、江戸の身分制は外面は固定的だが、中身《なかみ》は流動的だったことがわかる。

当時、四谷《よつや》に川路三左衛門という御目見得《おめみえ》以上の家格の幕臣があり、弥吉の利発を知って養子とした。ただし、川路家は小普請組《こぶしんぐみ》という無役の家で、家禄があっても役につかないために役料をもらえなかった。養父の狙《ねら》うところは、弥吉の聡《さと》さをみて、この子なら御役につけるかもしれず、そうとすれば余生は安穏《あんのん》とみたのかもしれない。弥吉にすれば、長く学問をしたいという希望をもっていたのだが、わずか十八歳で養父のすすめで幕府の勘定所の試験を受けさせられた。このことで養父の弥吉への功利的期待が察せられる。

勘定所は幕府の大蔵省で、しかも直轄領の行政を兼ね、佐渡奉行や長崎奉行などの職につくのも勘定所出身が多い。

幕府組織では武官職の大番《おおばん》などは家柄や運動でその役につくことができたが、勘定所は文官職で、どことなく威勢はわるいものの、英才でなければ採用されなかった。とくに筆算《ひっさん》（筆跡とソロバン）の才のある者にかぎられ、吟味（試験）もその一点にかぎられていた。武士にはソロバンを疎《うと》んじる風《ふう》があり、であればこそその能力をもつ者がすくない。そのくせ、勘定所で認められれば卑《ひく》い身分から、オランダ語で総督と翻訳される遠国《おんごく》奉行にもなりうる。養父のねらいはそこにあったであろう。

この稿では、そういうことはどうでもいい。

川路が佐渡奉行を命ぜられたのは天保十一年、かれが四十歳のときであった。佐渡は累代の奉行の無策のために弊風多く、鉱山のことも諸事立ちゆきにくく、領内の農政もよろしくなかった。幕府はその刷新を川路に期待し、在任一年余でかれは十分に応《こた》え、領民からも慕われた。

佐渡奉行は殿中序列は芙蓉《ふよう》の間詰《まづめ》で、高《たか》はわずか千石、職禄千五百俵、百人扶持《ぶち》という身上《しんしょう》ながら、その赴任の道中は五、六万石の大名なみの行列が先例になっている。川路の感覚ではそのことに含羞《がんしゅう》があり、できれば書生のようにして赴任したかったが、そうもならなかった。

この時期、すでに実父は世にない。実母のみは養家の川路家に養父母とともにいて六十を越えているが、川路はこの母をさびしがらせまいと思い、板橋を発《た》つときから佐渡にある間じゅう、さらには離任して帰府するまで、毎日欠かさず手紙を書いた。その主題は、実母に関心があるかと思える自分の日常、見聞した人情、地理、風俗、おりおりの挿話にいたるまで、まことに多様であり、そのまま十九世紀、幕府治下の道中風俗、佐渡の民情などが活写されて、こんにち、佐渡史を知るうえで欠かせない宝典になっている。この日記は、便《びん》のあるごとに江戸に送られたから、その母は三、四日に一度はこれを見たことになる。

自筆原本は、どういう経路でか、宮内庁書陵部《くないちょうしょりょうぶ》に所蔵されており、表紙に、川路の筆で『島根《しまね》のすさみ』とある。『島根のすさみ』は宮内庁書陵部の川田貞夫氏によって校注され、平凡社の「東洋文庫」の仲間に入っている。

川路は公私のけじめということから、公務に関してはふれていない。ただ、江戸期の地方総督の私人としての生活と生活感覚がわかるということで貴重だし、さらに後世の私どもとしては、江戸末期の非漢文でここまで微細に表現できたかということに感じ入らされてしまう。

私は、十七、八世紀以来のヨーロッパ人が、航海、探険あるいは僻地《へきち》での生活といった体験をすればほとんど義務であるかのようにして社会に報告してきたことに、一つの文明現象を感じている。日本でも、江戸後期には、すぐれた旅行記がいくつかあるが、川路のような官吏が、その任地における自分の暮らしとその周辺を立体化して書いたという例はない。その母に書き送ったことが、結局は後世の私どもにとって江戸文化の一つの遺産になった。

川路は、晩年、半身不随だった。夫人に用を言いつけたあと、病室で作法どおり浅く腹を切り、拳銃《けんじゅう》をとりあげ、のどをうちぬいた。みずから介錯《かいしゃく》したことになる。

（「新潮45＋」一九八二年十月号）

＊「新潮45＋」連載第一回「男子の作法」（新潮文庫『司馬遼太郎が考えたこと 11』所収）のこと（編集部）。

竜馬の死

隠居がいる。

息子のブリキ屋に身を寄せて老いの身を養っていたが、やがて老衰し、いよいよ助からぬと知ったとき、

「懺悔《ざんげ》したい」

と、言いだした。隠居の名は、渡辺一郎という。旧幕時代は渡辺篤と名乗り、京の柳馬場綾小路《やなぎのばんばあやのこうじ》下ルで「柳心館」という町道場をひらいていた一刀流の剣客で、維新後は京都府立一中や警察、在郷軍人会などで撃剣を教授していたが、老後は京都市松原御幸町東南角でブリキ屋を営む息子の家で養われていた。

懺悔したい、と言いだしたのは、大正四年の八月はじめである。家族、知人を枕頭《ちんとう》によび、先日の京都日出《ひので》新聞の記事をご存じか、と言った。その記事というのは、坂本竜馬の血縁者が京都大学に入学した、という記事であった。

「その坂本氏を暗殺したのは、自分である。生涯かくしつづけようと思っていたが、あの記事を読み、輪廻《りんね》のおそろしさを知った。これを打ちあけて心おきなくこの世を去りたい」と、渡辺老人はいった。

その談話の内容が、大正四年八月五日木曜日付朝日新聞の十一面に出ている。その見出しは「坂本竜馬を殺害した老剣客・悔恨の情に責められて逝く」というものであった。

この渡辺一郎、旧名篤、吉太郎ともいう。

この懺悔譚は、老人の記憶ちがいか、つじつまのあわぬところが多分にあり、良好な資料にはなりにくい。いずれにしても竜馬暗殺事件の余熱は大正四年までつづいている。しかもなお、下手人はたれであったか、的確にはわからない。

当初、新選組のしわざとされた。

そう見られても仕方のないふしがある。谷干城《たにたてき》などは生涯そう信じていた。谷干城は土佐藩の上士《じょうし》谷守部のことで、のち西南戦争のとき熊本鎮台司令官として西郷軍の攻撃をふせぎぬいた人物である。

谷は、事件発生当時、もっとも早く現場にかけつけた一人であった。おいおい、河原町藩邸、陸援隊からも人が駈《か》けつけ、そのうち元新選組参謀で脱退後高台寺月真院《こうだいいじげつしんいん》で同志をあつめて屯営《とんえい》している例の伊東甲子太郎《かしたろう》もやってきた。現場に下手人の遺棄品がある。

蠟色《ろいろ》の鞘《さや》である。

「この鞘に記憶がある。新選組の原田左之助のものに相違ない」

と、伊東は証言した。そこで一同おもいあたることがある。重傷の中岡が谷らに語ったところによると、下手人のひとりが「こなくそ」といって斬《き》りかかってきた。こなくそは四国弁であり、とくに伊予（愛媛県）でよくつかう。原田は、伊予人である。

新選組であるという証拠としては、現場に遺棄されていた下駄である。下駄に瓢簞《ひょうたん》形のなかに亭の字を入れた焼印がおされている。これは先斗町《ぽんとちょう》の瓢亭《ひさごてい》のものであった。瓢亭には新選組の隊士がよく出入りする。

そこで谷干城はこの二品を証拠とし、幕閣の永井尚志《なおむね》に抗議し、真相を探査するよう要請した。永井はすぐ新選組局長近藤勇《いさみ》をよんで問いただしたが、

「存ぜぬ」

というのみである。

が、土佐藩側はあくまでも疑い、新選組と一戦も辞せずという騒ぎになった。

菊屋の峰吉も、命がけで探査に立ちはたらいている。この少年はあの夜、鳥肉を買

ってもどって異常を知った。そのあと裸馬に乗って白川村の陸援隊まで急報したりしたが、下手人探査のときも餅《もち》売りに化けて不動堂村の新選組屯所に接近し、情報を取材した。

そのうち、紀州藩の用人三浦休太郎があやしいという有力情報があった。三浦はいろは丸沈没事件で竜馬にいためつけられたのを恨みに思い、新選組をそそのかして竜馬を討たせたのだという。

さらに探査するうち、三浦の護衛を新選組がひきうけている。

「もはや、まぎれもない」

と、陸奥《むつ》陽之助が中心となり、襲撃隊を海援隊からつのった。十六人を得た。このなかに明治の自由思想家大江卓などもいる。

十二月七日夜九時、雪を踏んでかれらは油小路《あぶらのこうじ》花屋町の天満屋《てんまや》を襲撃した。三浦はおりから、新選組の斎藤一《はじめ》、大石鍬次郎《くわじろう》、中村小次郎、中条常八郎、梅戸勝之進、蟻通勘吾、船津鎌太郎、前野五郎、市村大三郎、宮川信吉らと酒宴を催していた。陸奥ら十七人はその天満屋の二階へ斬りこみ、激闘のすえ、三浦を仕止めたと誤認し、ひきあげた。襲撃側は十津川《とつがわ》郷士中井庄五郎が即死、新選組側は近藤勇の親戚《しんせき》の宮川信吉が即死。負傷なし。しかし三浦ら紀州藩士のグループは三人が死亡、三人が負傷している。が、この三浦も事件とは無関係であることがやがてわかった。新選組のばあい、この竜馬の事変で、むしろ被害者の立場に立たされたといっていいであろう。

事変後ほどなく鳥羽《とば》伏見の戦いがおこり、そのあと土佐藩は東山道《とうさんどう》(中山道)鎮撫《ちんぶ》軍先鋒《ぐんせんぽう》となり、板垣退助を総司令官として東征し、関東に入って近藤勇の降伏を受理した。

このときも、土佐藩は近藤を訊問《じんもん》し、

「下手人は足下に相違ない」

と、執拗《しつよう》に責めた。近藤はあくまで否定したが、土佐藩側はきかない。ついに板橋の刑場で近藤の首を刎《は》ね、首を京へ送って三条大橋で獄門にかけた。軍陣の慣習でいえば近藤は敵ながらも一軍の大将として遇されるべきであり、その死は切腹でなければならず、打ち首や獄門は行きすぎといっていい。しかし竜馬を殺された土佐藩側の感情としては殺してもあきたりなかったのであろう。

維新後もなお、新政府の弾正台《だんじょうだい》の手で下手人捜査がつづけられた。明治以前の刃《にん》傷沙汰《じょうざた》を、新政府がその全力をあげて捜査したのは竜馬の場合しかない。

新選組で人斬りといわれた大石鍬次郎は、甲州での幕軍再起の挙がくずれてから板橋で官軍に捕縛された。このとき、

「竜馬暗殺は新選組のしごとではない。見廻組《みまわりぐみ》である。事件の翌日、近藤勇らが、剛勇の竜馬を仕とめた見廻組の今井信郎《のぶお》、高橋某のはたらきは感賞するに足る、といっていたのをきいたことがある。この記憶にまちがいはない」

と申し述べた。この大石の口から下手人の隊名と固有名詞がはじめて出た。

見廻組は、幕府が新選組設置の翌元治元年四月に京都で設けた特殊治安部隊で、その任務は新選組とかわらない。ただ新選組のたてまえが浪士結社であるに対し、見廻組は幕臣の次男、三男をもって組織した。組頭は佐々木唯三郎《ただざぶろう》である。

佐々木はもと講武所の剣術教授方をしていた幕臣きっての剣客で、文久三年四月十三日、江戸赤羽橋で清河八郎を謀殺したのが、この男である。泥酔《でいすい》していた清河の不意をおそい、背後から一刀をあびせ、そのあと六人がかりで討って取った。

が、官軍が大石を板橋でとらえたときにはこの佐々木唯三郎はすでにこの世にいない。佐々木は鳥羽伏見の戦いで先鋒をつとめ、銃弾にあたって戦死した。

残るは、今井信郎、高橋某である。維新政府の兵部省《ひょうぶ》はこの二人のゆくえを探索した。ところが函館の旧幕軍が降伏し、その降将のなかに今井信郎という名があるのを、

兵部省は知った。今井はこの当時榎本武揚《えのもとたけあき》の五稜郭《ごりょうかく》政府で「海陸裁判官」という重職にある。職階からいえば、海軍奉行、陸軍奉行といった長官職と同格といっていい。

幕臣の出である。剣は直心影流の榊原鍵吉《さかきばらけんきち》に学び、講武所師範代をつとめた。

この人の孫に、共同通信社の記者今井幸彦氏がいる。今井氏の書かれたところによると、信郎が上洛《じょうらく》して見廻組与力頭になったのは数えで二十七、慶応三年の十月初旬だったという。竜馬の暗殺に参加する一月前であったところをみると、功名心にはやっていたのであろう。

今井信郎の取りしらべは、兵部省の手から刑部省《ぎょうぶ》に移された。当時刑部省の長官（大輔）は佐佐木三四郎（高行）で、容赦なく取りしらべた。今井はわるびれるところもなく自白し、

「自分も下手人のひとりでござる」

と言い、状況をくわしく説明した。その明治三年九月二十日付の供述書が残っている。その供述書では、今井は見張りをしただけで手をくだしていない。が、手をくださず見張りうんぬんとはうそかもしれない。この点、永遠になぞである。手をくださなかったということで今井信郎は「寛典をもって禁錮《きんこ》申しつける」という軽い判決を受け、身柄を、旧徳川将軍家である静岡藩にひきわたされた。

その後、今井信郎は静岡県に住み、熱心なクリスチャンになり、大正七年六月二十五日、七十九歳で没した。

竜馬暗殺の計画は、よほど周到にめぐらされたらしい。幕閣のたれが見廻組に下命したかはよくわからないが、当時幕府の目付だった榎本対馬守《つしまのかみ》道章（榎本和泉守《いずみのかみ》武揚ではない）という説がある。勝海舟などもこれを疑っている。その明治二年四月十五日付の日記に、「松平勘太郎からきいた。竜馬の暗殺は佐々木唯三郎をはじめとして今井信郎らの輩が乱入したと。佐々木には上より指図があったのであろう。指図をした者は、あるいは榎本対馬か」とある。勝にこのことを話した松平勘太郎は旧幕時代大隈守《おおすみのかみ》といい、竜馬暗殺の当時は榎本対馬守の直接の上役であった。一応、信頼すべき筋というべきであろう。

今井の供述によれば、刺客団は、佐々木唯三郎、今井信郎、渡辺吉太郎、高橋安次郎、桂隼之助、土肥仲蔵、桜井大三郎である。

冒頭、ブリキ屋の隠居の渡辺一郎は、今井の供述書にいう渡辺吉太郎のことかとおもわれる。

組頭佐々木唯三郎は、周到を期した。竜馬を斬れるだけの腕前をもつ隊士は、何人もいない。高橋安次郎などは、このために桑名藩からよばれてきた。渡辺一郎（吉太郎?）も、隊士ではない。佐々木と親交があるというだけで、柳馬場綾小路下ル「柳心館」の道場主である。ただこの年の二月、見廻組から七人扶持《ぶち》の手当はうけていた。佐々木は、人選にこまったあげくこの渡辺に折り入って頼み、とくに部外から参加してもらったのであろう。渡辺は一介の剣客で天下の情勢にうとく、竜馬の名も知らなかった。知っていたところで大公儀に楯をつくむほん人という程度の認識だったにちがいない。維新後、竜馬の事歴を知ってがく然としている。その程度の人物にすぎない。

佐々木はこの暗殺の日の昼すぎ、刺客団を集結し、桂隼之助を探索者に仕立て、竜馬の下宿の近江屋《おうみや》新助方を訪問させた。

「坂本先生は、御在宅でしょうか」

と、いんぎんに訪問している。近江屋方はなんの警戒もせず、いま御他行中です、といった。この言葉で、竜馬が京都にいることをかれらは知った。そのあと、佐々木は竜馬の帰宅を待つため、先斗町の某酒楼で会飲し、夜八時先斗町を出ている。途中、ぶらぶらして時をすごし、夜九時すぎ、近江屋を訪れた。佐々木が名刺を出し、「十津川郷士」と名乗ってからのあとは、本文のとおりである。

踏みこんで直接太刀をふるったのはたれかという点では、証言者によってまちまちである。今井は自分ではなく他の三人だと言い、渡辺は自分がやったという。この点よくわからないが、今井が直接の加害者であるらしいことはほぼ定説になっている。現場に鞘をわすれたのは、渡辺の記憶では「世良敏郎」という人物になっているが、この人物の名は他の資料にはまったくない。さらに渡辺の記憶では、ひきあげるとき四条通は人通りが多かったという。当時流行の「ええじゃないか」の行列が通ったのでかれらもわざとその群衆にまぎれこみ、手をふり声を和しながら退散した。渡辺はそう語っている。ただ信ずべきかどうかはわからない。

いまひとつ、挿話がある。

この暗殺の直前、二条城にいる徳川慶喜《よしのぶ》が、たれの口からきいたか、竜馬の名を知った。その竜馬が大政奉還の立案者であり、かつ反幕志士のなかで唯一《ゆいいつ》の非戦論者であることも知った。むしろ慶喜は竜馬において同志を見出《みいだ》した思いがあったのであろう。

「土州の坂本竜馬には手をつけぬよう、見廻組、新選組の管掌者によく注意をしておくように」

と永井尚志に言いふくめた。

永井はむろん竜馬を知っている。当然とおもい、翌朝、慶喜の言葉を管掌者に伝えるべく出仕したところ、机の上に紙片がおかれている。紙片には、昨夜、竜馬を暗殺した旨《むね》、躍るような書体で大書されていた。

——遅かった。

と、永井は思ったであろう。事実、竜馬が生きていれば鳥羽伏見の戦いはおこらなかったかもしれない。暗殺はつねにこのようなものである。

竜馬の死の当時、おりょうは下関の海援隊支店伊藤助大夫方にいた。事変当夜、全身朱《あけ》に染んで血刀をさげた竜馬の夢を見たという。ほどなく竜馬の死を知った。

その後、助大夫方をひきあげ、長府の三吉慎蔵にひきとられた。三吉は寺田屋遭難のとき、竜馬と同室にいたあの青年である。

三吉の藩主である長府侯はおりょうをあわれみ、扶持米を給した。

その後、海援隊士が協議し、おりょうを高知城下の竜馬の生家に送りとどけた。この間、おりょうを世話した三吉慎蔵に対しては、後藤象二郎《しょうじろう》が国産の紙を贈り、海援隊士中島作太郎は伝正宗作の短刀を贈っている。

高知城下本町筋一丁目の坂本家に入ったおりょうは、竜馬の兄権平や姉乙女とはじめて対面した。とくに乙女については竜馬からさんざんきかされていたので、初対面ともおもえなかったであろう。

「私を真実の姉と思いなさい」

といって「坂本のお仁王様《におうさま》」はおりょうを大事にもてなした。が、次第に仲がわるくなってきた。乙女にすれば竜馬を育てたのは自分だと思っていたし、事実そうであった。かつ竜馬を理解するところが最も深かったから、なんだこの女、という底意地のわるさもつい出てきたであろう。乙女とおりょうは、女仕事ができないという点では共通していたが、相違する点も多い。乙女は武家女としての教養がありすぎ、その節度の美しさももっている。その節度美をもって人を見、他人を律するから、無教養でどこか投げやりなところのあるおりょうが許せなくなったように思われる。

「竜子《りょうこ》、家を守らず、非行を敢《あえ》てす。乙女、怒って竜子を離別す」

土佐の記録にある。たたき出してしまったのである。しかし土佐の土陽新聞明治三十二年十一月八日付のおりょうの回想談のなかに、

「姉さんはお仁王という名があって元気な人でしたが、私には親切にしてくれました。私が土佐を出るときにも、一緒に近所へ暇乞《いとまご》いに行ったり、船まで見送ってくれたのは乙女姉さんでした」

とあり、いっこうに不仲らしくもない。察するに乙女はこの「善悪さだかならず」

（佐佐木三四郎）という女性に対し、腹にすえかねることがあっても、表面ニコニコしていたのであろう。が、親戚などのおりょうへの不評もあってついに、

「あなたは出てゆきなさい」

と、乙女らしい単刀直入でからりと申しわたしてしまったかと思われる。

「まことにおもしろき女にて」

とは、竜馬が手紙で乙女に紹介したおりょうの人柄である。が、竜馬の目からみるときらきらと輝いてみえたおりょうの性格は、他の者の冷静な目からみればそのあたらしさは単に無智《むち》であり、その大胆さは単に放埒《ほうらつ》なだけのことであったのだろう。おりょうの面白さは竜馬のなかにしか棲《す》んでいない。

高知を出てから、おりょうはその故郷の京都へ行った。竜馬の墓守りをする、とひとにも言っていたが、墓守りでは食えない。おりょうには養うべき老母や妹があった。その後、東京へ出た。東京にさえ出れば竜馬の友人がいる。最初、西郷隆盛を頼ろうとしたが、西郷は征韓論にやぶれて鹿児島へ帰ってしまっていた。海援隊関係者も、中島作太郎や白峰駿馬《しらみねしゅんめ》は洋行中であった。

放浪のすえ、横須賀《よこすか》に住み、人の妾《めかけ》になったりした。明治三十九年、六十六歳で死んでいる。大正三年八月、おりょうの実妹中沢光枝が墓碑を建てようとし、もと陸援

隊隊士だった田中光顕《みつあき》、水戸脱藩の香川敬三などが多額の寄付をした。彼等、維新当時の三流志士たちはすでに華族になっていた。おりょうの戒名は昭竜院閑月珠光大姉、墓は横須賀市大津町信楽寺《しんぎょうじ》門前にある。おりょうは竜馬の生前、自分の亭主をさほどの人物ともおもっていなかったらしい。

乙女は、竜馬からきた手紙をほとんどうしなわずに所蔵していた。「こんな手紙は焼きすてておくれ。人には見せられんぞよ」と竜馬は手紙の末尾に書いているが、乙女は焼かなかった。焼かずに、晩年それを繰りかえし読んでは竜馬をしのんだ。それらの手紙は、大正時代に入ってから日本史籍協会の手であつめられ、「坂本竜馬関係文書」二巻におさめられた。竜馬の手紙は口語、俗語を駆使し、暢達《ちょうたつ》自在な表現力をもっている点、書簡文の傑作といえるであろう。

乙女も筆まめな人で、竜馬といまひとつ共通している点は、絵のうまいことであった。別れた夫の家に残してきた一子菊栄に、よく絵をかいて送ってやっている。とくに世界地図を彩色で描くのがすきであった。

闊達《かったつ》で諸芸いたらざるところのなかった乙女は、どこかで懸命に悲哀を嚙《か》みしめているところがあり、その生涯も幸福とはいえなかった。四十八歳の明治十二年八月三十一日、壊血病で死んだ。墓は、高知市井口町丹中《たんち》山の中腹に、小さく建っている。

千葉さな子は、独身で世を終った。維新後華族女学校の世話などをして生徒や卒業生に人気があった。

勝気なひとであったが、ときどき急にだまりこんで終日ものをいわぬこともあったらしい。

「自分は、坂本竜馬の許婚者《いいなずけ》でした」

と、あるとき卒業生のたれかをつかまえて急にそんな話をし、竜馬が「形見に」といって残して行った黒木綿の紋服の片袖《かたそで》をとりだしたりした。没年を、筆者は知らない。さな子は、佐那子とも書く。乙女と改名したこともある。竜馬がよく語っていた乙女をしのんだのであろう。この小説では彼女一人しか登場させなかったが、さな子には、里幾子、幾久子という妹もあった。さな子同様、北辰《ほくしん》一刀流の免許皆伝である。

さな子の兄の千葉重太郎は、道場を経営するかたわら、鳥取藩にも士籍をもち、しかも竜馬に刺戟《しげき》されて勤王活動に奔走したりした。幕末にはこの人は人柄に似ずひどくいそがしい生活を送っていたが、維新後は世に出ず、明治十八年五月七日、没した。贈正五位、この贈位は、竜馬との縁によるものらしい。

中岡は、卓抜した評論家である。かれは難に遭い、死に瀕《ひん》しつつも、駈《か》けつけた同志の連中にさまざまなことを言った。

「卑怯《ひきよう》憎むべし。剛胆愛すべし」

と、自分たち二人を討った刺客の引きあげの見事さをほめている。刺客が二階座敷からひきあげるとき、「一人の男は、謡曲を謡《うた》ってやがった」と中岡は医師に介抱されながらいった。

白川村から駈けつけてきた陸援隊副隊長の田中顕助（のち光顕）が枕頭《ちんとう》で声をはげまし、

「長州の井上聞多《もんた》はあれだけ斬《き》られていながら、その後生きかえったではありませぬか。お気をたしかになされ」

といった。井上の遭難というのは元治元年九月二十五日夜、井上が山口の政庁を退庁し、郊外の湯田袖解橋《そでときばし》にさしかかったとき多数の刺客に襲われ、身に三十数傷を負い、昏倒《こんとう》した。その直後、たまたま訪ねてきた美濃《みの》浪人所郁太郎《ところいくたろう》が医師の心得があるというので治療し、五十幾針を縫った。田中はそのことをいっている。

中岡はうなずき、しかしさほどの関心を示さず、さらに語った。かれはこの状態になっても、自分の傷よりも自分以外の現象のほうにより以上の関心があったらしい。

「坂本と自分をやるなどは、よほど剛強の男であろう。幕士は腰抜けである、と平素あなどっていたが、こうも思いきったことのできる男がいる。早くやらねば逆にやられるぞ」

中岡は最後までその主戦論をすてなかった。さらに、

「今後いよいよ刺客が跳梁《ちょうりょう》するであろう。坂本も自分も平素不用心で、この夜、刀を手もとに置いてなかった。これが悔いである。君らも注意せよ」

中岡は一昼夜たつとだいぶ元気になり、十六日の夕、「焼き飯を食いたい」といって一同をおどろかせた。主治医の土佐藩医川村栄進も本人が望むならよかろうとゆるし、それをあたえた。中岡は、三杯も食った。

が、翌日それを吐いた。しきりと吐き気がつづくので、

「後頭部の傷が、脳に触れるらしい」

と、中岡は自分の死期を自分で予言した。

十七日は、朝から容態がわるい。中岡は、別室に詰めている水戸脱藩陸援隊士香川敬三をよび、

「おれはきょう、死ぬだろう。わがために岩倉具視卿《ともみきょう》に告げよ。爾今《じこん》、維新回天の実行は一に卿《けい》のお力にたよる、と」

これが、中岡の岩倉への遺言であった。中岡ほど岩倉の剛愎《ごうふく》、胆略、謀才を買って

いた男はない。

この遺言のあと、薩摩《さつま》の吉井幸輔《こうすけ》が駈けつけ、長州軍、薩州軍が汽船をもって摂津《せっつ》西宮港に近づきつつある旨をつげ、

「三藩戮力《りくりょく》による京都一挙ちかし」

と、口を中岡の耳に近づけていった。中岡は満足げにうなずき、やがて逝《い》った。

この日、竜馬の遺骸《いがい》とともにならべ、京にある諸藩の有志があつまって、通夜《つや》をした。

この両人の死は、すぐ諸方面につたわり、衝撃をあたえた。

福井城下の三岡八郎（のち由利公正《ゆりきみまさ》）らも藩の同志とともに祭壇を設けて霊をまつり、太宰府の三条実美《さねとみ》も他の四卿とともに祭典をおこなった。

実美の悼歌は、
もののふのその魂やたまちはふ神となりても国守るらん
十八日、葬儀がおこなわれた。むろん、下僕藤吉をふくめ、三霊の合葬である。夕刻、近江屋から三つの棺が出て、それを海援隊、陸援隊士がかつぎ、土佐、薩摩などの諸藩士が列をなし、葬列は二丁ばかりつづいた。その葬列を幕士が襲うという情報があり、拳銃《けんじゅう》を懐中にする者、刀の鯉口《こいぐち》を切って棺のそばをゆく者など、悲壮の気が

みなぎった。

遺骸を、東山の霊山《りようぜん》に葬《ほうむ》った。この日、たまたま出京してきた長州の桂小五郎がこの変をきき、涙を流した。

「せめてわが友のために墓標の文字を書かせてもらいたい」

と言い、潜伏場所の二本松薩摩藩邸の奥で揮毫《きごう》した。

高知藩坂本竜馬
高知藩中岡慎太郎
の十五文字である。

西下中の薩の大久保一蔵（利通《としみち》）もたまたまこのころに帰洛《きらく》し、この変をきき、すぐ岩倉にあてて書簡を送った。

「坂本はじめ暴殺の事、いよいよ新選組に相違なく、ひとえに聞き申し候《そうろう》。近日《ちかごろ》ますます暴を働きおり候よし、第一近勇（近藤勇）が所為と察しられ申し候。実に自滅のあらわれかと存じられ申し候」

と、当時の通説どおり、近藤勇が、あくまでも疑われている。

明治四年八月二十日、朝廷は特旨をもって竜馬と慎太郎のあとをそれぞれ立てさせた。竜馬の家名の相続者はその甥《おい》小野淳輔である。幕末では高松太郎と名乗り、相続後、坂本直と称した。中岡のあとについては同姓中岡代三郎が相続の沙汰《さた》を受け、それぞれ永世十五人扶持を下賜《かし》された。明治十四年、両人を靖国《やすくに》神社に合祀《ごうし》し、同二十四年四月、ともに正四位を追贈された。

竜馬のおもしろさは、そのゆたかな計画性にあるといえるだろう。

幕末に登場する志士たちのほとんどは討幕後の政体を、鮮明な像としてはもっていない。竜馬のみが鮮明であった。そういう頭脳らしい。

国家のことだけでなく、自分一代についても鮮明すぎるほどの像をもっている。海運と貿易をおこし、五大州を舞台に仕事をするということである。このふたつの映像を自分において統一していた。討幕回天の運動と海運、海軍の実務の習得というふたつの方向を、まったく矛盾させあうことなく、一つの掌《たなごころ》のなかでナワのようにないあげて行った。竜馬の奇妙さはそういうところにあるであろう。

海の仕事をしようとする竜馬にとっては、ときに革命は片手間の仕事であった。長崎で海援隊実務を見つつ、京の風雲が混迷するや、にわかに上京し、「船中八策」をかかげて討幕後の政体を明示しつつ慶喜に大政奉還させて一挙に統一国家を実現してしまったあたりは、どちらが本業なのかわからない。大政奉還実現後、革命政府の大

官などにはならぬと明言し、

「役人はいやだ」

といった。西郷がおどろき、ではなにをするのだと重ねて問うと、

「世界の海援隊でもやる」

と竜馬は言い、西郷を唖然《あぜん》たらしめた。その親友の西郷でさえ、竜馬の志のありかがわからないように思われる。竜馬はなによりも海が好きであった。海の仕事がやれるためには統一国家をつくらねばならなかった。表現を面白くしていえば、この無位無官の青年は、自分の海好きの志望を遂げるために国家まで改変してしまったといえる。竜馬の一代は、革命と海とのいそがしげな往復であった。その革命が成就《じょうじゅ》しえた以上、維新政府の参議などになるはずがない。解放されたようにして海に飛びたつのが竜馬として当然であった。

「世界の海援隊でもやる」

というのはそういうところであり、西郷がそれを意外に思ったのは、竜馬をそこまで理解していなかったからに相違ない。

竜馬は、

「自分は役人になるために幕府を倒したのではない」

と、このとき言い、陪席していた陸奥《むつ》宗光が竜馬のあざやかなほどの無私さに内心手をうってよろこび、

「西郷が一枚も二枚も小さくみえた」と、のちにいった。これも、観察者陸奥のその性格からくる勝手な解釈であろう。陸奥は多分に権力仕事の好きな性格であった。さればこそそうでない人間風景に拍手するほどの昂奮《こうふん》をおぼえたのであろう。陸奥は人間の大小を比較するのがすきであった。だから竜馬と西郷の大小を位づけた。しかし西郷は竜馬とは別の場で計量されるべき人物で、陸奥の拍手は多分に長屋の熊《くま》さん的な快哉《かいさい》であるといえる。

もっともそれらの議論から離れても、竜馬の一言は維新風雲史上の白眉《はくび》といえるであろう。単にその心境のさわやかさをいうのではない。筆者は、この一言をつねに念頭におきつつこの長い小説を書きすすめた。このあたりの消息が、竜馬が仕事をなしえた秘訣《ひけつ》であったようにおもわれる。その点、西郷もかわらない。私心を去って自分をむなしくしておかなければ人は集まらない。人が集まることによって智恵と力が持ち寄られてくる。仕事をする人間というものの条件のひとつなのであろう。

竜馬が死に、その海運事業が残った。とくにいろは丸遭難事件で紀州藩からとりあげた賠償金七万両という大金が残った。

いろは丸は、竜馬が伊予大洲《おおず》藩から借りていたものである。この船主に、相当の金が返還されねばならない。土佐藩は、七万両のうちから四万二千五百両を大洲藩に返した。ちなみに、竜馬は大洲藩の船を沈めたつぐないとして、長崎のオランダ商館からスクーナー一隻《せき》船価二千六百両を買って返す約束であったが、これは竜馬の死のためにはたせなかった。竜馬はこの船をもって北海道と北陸の物産を大坂にはこぶ事業を考え、それを大洲藩と約束していたが、それも竜馬の死で立ち消えになった。

維新政府の樹立から廃藩置県令で藩が廃止されるまでの間、土佐藩の財政はすでに赤字というようなものではなく、破れきっていた。外国商館に対するおもな負債だけでも三十数万両あり、とうてい返済できる見込みはない。

そこで後藤象二郎は窮したあまり、土佐藩の船、大坂藩邸、長崎土佐商会などを岩崎弥太郎に無償であたえ、そのかわりに藩の負債もぜんぶ岩崎個人にひっかぶせてしまい、それをもって整理した。後藤らしい大ざっぱなやりかたといっていい。

岩崎がひきついだ土佐藩の船は、汽船が六隻、曳船《ひきふね》二隻、庫船、帆船、脚船各一隻で、計十一隻であった。

岩崎弥太郎はこの船をもって竜馬がやろうとしていた事業を、かれなりに相続しようとした。資金はある。竜馬が紀州藩からぶんどった七万両の金である。その一部を大洲藩に返還したとはいえ、ざっと三万両は残っている。その金を、後藤との黙契のうえで新事業の資金とし、大阪の西長堀旧土佐藩邸に九十九《つくも》商会という名の海運・貿易商社をたて、ほどなく借財からのがれるために名称を三ツ川商会、さらに三転して「三菱《みつびし》商会」とあらためた。その後三菱会社は発展した。その種子は竜馬の海援隊から出たものといっていい。

竜馬は株式会社の最初の発想者といえるであろうし、また近代商社の祖ともいえるが、同時に日本海軍の祖ともされてきた。その妻おりょうが窮乏のうちに横須賀で死んだときも、竜馬との縁を知って海軍士官が多数その葬儀に参列した。また竜馬の銅像が昭和三年、その郷里の高知市郊外桂浜《かつらはま》に建てられたとき、除幕式は海軍記念日の五月二十七日という日がえらばれ、当日、海軍から駆逐艦浜風が桂浜に派遣された。幕末、長崎で私設海軍をつくって、幕府海軍に対抗しようとしたこの奇妙児の風貌《ふうぼう》は、いまも桂浜の潮風にさらされている。

維新後、当然なことではあるが、生者は栄え、死者はわすれられた。竜馬の名も、一部土佐人のほかは知る者もまれになった。

すでに明治も三年のころにはもう、幕末といえば遠い昔のように思われるようにな

ったらしく、岩倉具視に対し、

「時流、とうとうとして新につく。しかれども卿《けい》らこんにちあるは、幕末維新の風雲のなかに斃《たお》れし士のおかげであることをわすれ給《たも》うな」と献言した者があることをおもえば、いささかの消息を察することができる。

岩倉具視はこれを思い、明治三年正月六日、東京日比谷の邸《やしき》にかつての同志をまねき、一夕の宴を催した。

来る者は、すべてが維新政府にめぐまれた者ばかりではない。岩倉はその点にも気をつかい、その招待状にも、

「自分が、たまたま富貴になったからといって諸子を宴に招待するのではない。ただねがわくは、往年の交わりを、諸子と続けたいと念ずるのみである」とわざわざことわっているのは、反撥《はんぱつ》を顧慮せねばならぬなにかがあったのであろう。この日あつまった者は、十数人である。薩長の士は一人も来ず、すべて草莽《そうもう》の出身の連中ばかりだった。玉松操《みさお》、香川敬三、大橋慎三、松尾相永《すけなが》、柴田昌長、山中献《けん》、北島秀朝、宇田淵、田中光顕、三宮義胤《さんのみやよしたね》、樹下《じゆげ》茂国、原保太郎、海部閑六、藤村紫朗などである。宴の前に岩倉は坂本竜馬、中岡慎太郎の霊をまつり、その祭祀料を京都霊山の墓所あてに贈った。

「自分に坂本、中岡の両士を紹介してくれたのは、たれそれである」

などという懐旧談を岩倉はしたが、竜馬の名はこういう私的な会合でたまたま出る程度のものであった。

ただ土佐人や土佐系の浪士出身者たちは、薩長政府に対して憤懣《ふんまん》を感ずるごとに、

「竜馬がこんにち生きてあれば」

と仲間うちで言い、また陸奥宗光なども竜馬が生きておればいまの台閣の諸公は青菜に塩だろう、などと気焰《きえん》をあげたが、それも死児の齢《よわい》をかぞえる愚とかわらない。

竜馬の名は、日々わすれられた。かれの名がにわかに世上で有名になったのは、死後三十余年経《た》った日露開戦のころである。

明治三十七年二月四日、日露交渉に関する最後の御前会議がひらかれ、同六日、日露国交は断絶し、東郷平八郎は連合艦隊をひきいて佐世保軍港を出航し、外洋に遊弋《ゆうよく》した。

どうみてもロシアの陸海軍に勝てるはずがないという観測がたれの胸中にもあり、憂色が一国を覆《おお》ったが、宮中の憂色はとくにはなはだしく、皇后（昭憲皇太后）はほとんど神経を病まれるまでになった。陸軍は兵力の差を戦術と士気でおぎない、なんとか互角にもってゆけるとしても、海軍は機械力と数の差が勝敗を決する。自然、海

軍への心配が濃く、具体的にはバルチック艦隊の極東来航のときをもって国運がわかれるという見方をたれしもがもった。皇后の深憂もこの点にあったのであろう。その日露断交の二月六日、皇后はたまたま葉山別邸に避寒中であったが、その夜、夢を見た。

夢に、白装の武士があらわれたのである。かれが名乗るには、

「微臣は、維新前、国事のために身を致したる南海の坂本竜馬と申す者に候」

という。皇后は、その名を知らなかった。その白装の武士はさらにいう。「海軍のことは当時より熱心に心掛けたるところにござれば、このたび露国とのこと、身は亡《な》き数に入り候えども魂魄《こんぱく》は御国の海軍にとどまり、いささかの力を尽すべく候。勝敗のこと御安堵《あんど》あらまほしく」と言い、掻《か》き消えた。

「坂本竜馬とは、いかなる人物か」

と、翌朝、皇后宮大夫の子爵《ししやく》香川敬三に下問された。香川敬三は水戸脱藩とはいえ、その後土佐陸援隊に属したから、土佐系志士のあがりというべき人物で、竜馬とはむろん懇意であったし、その下手人探索にも力をつくした男である。当然知っている。

およその事歴を説明申しあげた。が、皇后はなぜそれをたずねたかは打ちあけられなかった。ところが翌七日夜の夢にもおなじく白装の武士があらわれたため、ついに

香川敬三にその一件を明かされた。香川は奇妙におもい、東京の田中光顕に連絡した。往年の陸援隊副長だった田中は、このころには宮中顧問官、宮内《くない》次官、宮内大臣を歴任する身になっている。さっそく竜馬の写真一葉を手に入れ、香川に送った。香川は女官を通じてその写真を皇后の部屋の一角に置いておくと、皇后はあわただしく香川をよばれ、

「この人である」

といわれた。眼鋭く、眉蹙《まゆせま》り、肉落ち、髪も乱れておどろである。奇相であるためまぎれもない、と皇后は言い、この撫肩《なでがた》に桔梗《ききよう》の紋までおなじです、と言い添えた。

この話は、「皇后の奇夢」として都下のすべての新聞に載り、世間はその話題でもちきりになった。この挿話を材料に宮中御歌所参候の某氏は長歌をつくって時事新報に発表し、杉谷代水は琵琶《びわ》歌をつくって人に演じさせ、柏木城谷は長詩をつくって新聞に発表した。竜馬の名は、にわかに有名になった。

この奇夢が、はたして事実かどうかわからない。竜馬の性格からみて夢枕《ゆめまくら》に立つような趣味はなさそうだが、田中光顕は晩年にいたるまであれは本当だ、といって当時の情景をこまかく人に語った。

意地わるくみれば、当時、そのころの流行語である「恐露病」にかかっていた国民

の士気をこういうかたちで一変させようとしたのではないかと思われるし、さらに意地わるくみれば、当時、宮中関係の顕職についていた者は土佐系が多かった。前記香川敬三、田中光顕、佐佐木高行（旧名三四郎）、土方《ひじかた》久元らである。かれらは薩長閥《さつちよう》のそとにあっていわば冷遇されている。さらに維新前後の人物評価にしても、当然、薩長人は、西郷、木戸、大久保の事歴や人物を拡大して語ることが多いであろう。この腹いせといえば子供じみるが、すくなくとも土佐株をあげるために宮中関係者のあいだでこういう話をつくったのではないかと疑えば疑えぬことはない。

とにかくこの話で、竜馬はあやうく忘れられることからまぬがれた。京都東山霊山のかれの墓のそばに大きな碑ができたのもこの奇夢が喧伝《けんでん》されたあとだし、大正期に入ってその伝記が多く刊行され、映画や芝居のなかに登場しはじめたりしたのも、夢枕の一件で当時のマスコミにとりあげられたおかげだともいえる。世間というものは、まずそうしたものかもしれない。その奇夢の、あるいは演出者だったかもしれぬ伯爵田中光顕は、

「いや、あれは本当だ」

と言いつづけて、日華事変中の昭和十四年、満九十六歳の長寿で死んでいる。

越前の由利公正（旧名三岡八郎）は、竜馬の死を福井できくや、竜馬と親交のあった家中の海福雪《かいふくそそぐ》ら三人をまねいてひそかに神式の祭りをし、その霊をとむらった。ほどなく竜馬が生前にお膳《ぜん》だてをしておいたとおり、福井の幽居へ朝命が到来した。京へ出て新政府に参与せよ、という。

藩の罪人は、一夜にして新政府の顕官になった。由利は早々に旅支度をした。支度といっても、ひげや月代《さかやき》を剃《そ》るまもなく、衣服もながい幽居中に売りつくし、垢《あか》のついたしま木綿の粗衣しかなかった。それにブッサキ羽織をはおり、福井から早駕籠《かご》を仕立てた。ときに慶応三年十二月十五日で、越前の山野は雪でとざされていた。由利は駕籠屋をはげまし、豪雪の愛発峠《あらちとうげ》を越えた。

君がためいそぐ旅路の愛発越え衣の雪を払ふまもなし

と詠《よ》み、途中、夜を徹して走るうち、京からもどる藩の早飛脚に会った。将軍慶喜は二条城を明けて大坂へ立ちのいたという。いよいよ戦争だということであった。

由利は、十七日京に入っている。すぐ藩の老公松平春嶽《しゅんがく》に拝謁《はいえつ》すると、

「月代を剃れ」

と、春嶽がまゆをしかめた。さっそく髪を整え、その翌日に御所へ参内している。

そのあと、由利は無一文の新政府の財政をととのえるべく奔走した。新政府樹立の

どさくさに要った御所弁当代その他台所費用だけで二十六万両が未払いのままだったし、さらに旧幕軍との決戦のために、さしずめ三百万両は要るという。由利公正は、その生涯でもっともいそがしい毎日を送った。

この由利が、この間、(新国家の国是を、国内の敵味方や、国外に発表する必要があるのではないか)と、ひそかにおもった。そう思い、宿にかえって石筆(鉛筆)で鼻紙に書きつけた。これが維新のあけぼのを告げたといわれる「五箇条の御誓文」であった。

一、広く会議を興《おこ》し、万機公論に決すべし

一、上下心を一にして、盛《さかん》に経綸《けいりん》を行ふべし

一、官武一途、庶民に至る迄《まで》、各《おのおの》其志を遂げ、人心をして倦《う》まざらしめんことを要す

一、旧来の陋習《ろうしふ》を破り、天地の公道に基くべし

一、智識《ちしき》を世界に求め、大《おほい》に皇基を振起すべし

というものであった。この御誓文は由利が起草してから二カ月後の慶応四年(明治元年)三月十四日、明治帝が御所南殿に出御し、天地神明にちかうという形式のもとに、内外に発布された。

文章は由利が最初、鼻紙にかきつけたものとは、多少辞句がちがっている。由利はその鼻紙を、土佐藩から出ている新政府参与の福岡孝弟《たかちか》（旧名藤次）にみせ、

「足下は、学がある。仮名づかいが違うとりゃせんか、みてくれ」

といった。福岡がみると、竜馬が長崎から京へのぼる途中、船中で起草し、後藤象二郎に渡した新国家綱領のいわゆる「船中八策」の思想がことごとく盛られていた。福岡は辞句を修正し、それを、鳥羽《とば》伏見の戦いのあと、長州藩の藩務をかたづけて京へのぼってきた木戸孝允《たかよし》（旧名桂小五郎）に見せた。木戸はひざをたたいてよろこび、みずから筆をとって文章をととのえ、ついに前記の成案を得た。

竜馬の船中八策については、すでに『竜馬がゆく』に書いたが、最初の三カ条は、

一、天下の政権を朝廷に奉還せしめ、政令宜《よろ》しく朝廷より出《い》づべき事

一、上下議政局を設け、議員を置きて、万機を参賛せしめ、万機宜しく公議に決すべき事

一、有材の公卿《くぎやう》・諸侯、及び天下の人材を顧問に備へ、官爵を賜ひ、宜しく従来有名無実の官を除くべき事

となっている。これを照合しても、五箇条の御誓文が竜馬の船中八策から出ていることがわかるであろう。

「その用語はやがて一八六八年の御誓文にそのまま こだまするし、その公約は、一八七四年に板垣、後藤が、民選議院設立運動を始めるときの請願の論拠となる」と、『坂本竜馬と明治維新』の著者マリアス・B・ジャンセン氏（米国プリンストン大学教授）も見ている。

竜馬は船中八策のあとがきで、

「以上八策は、方今《はうこん》天下の形勢を察し、之を宇内《うだい》万国に徴《ちよう》するに、之《これ》をすてて他に済《さい》時《じ》の急務あるなし。苟《いやし》くも此《この》数策を断行せば、皇運を挽回し、国勢を拡張し、万国と並立するも亦敢《またあへ》て難《かた》しとせず。伏《ふし》て願くは、公明正大の道理に基づき、一大英断を以《もつ》て天下を更始《かうし》一新せん」

と書いている。竜馬は船中、この八策を起草するときにこの思想こそあたらしい日本の光源になるものだと思ったであろう。それが、慶応四年三月十四日、由利、福岡、木戸の筆を借り、五箇条の御誓文として発布された。竜馬の意思は十分に達せられたというべきであろう。

明治二十二年、当時元老院議官、子爵になっていた由利公正は人に問われ、竜馬が福井によびだしにきてくれた当時のことを述懐し、さらにそれを文章にし、その末尾に、

「翌三日、君、京に帰る。嗚呼《ああ》一訣《いっけつ》すでに二十三年。往事追感に堪へず」
と書き、竜馬追憶の歌を書きとめている。

硯《すずり》の海に浮かぶ思ひのかずかずの書きつくせぬは涙なりけり
勲《いさを》なく我身は今に永らへて世にも人にも恥ぢざらめやは

すでに由利公正は、日常の繁栄のなかに住んでいる。この日ふと二十三年前の風雪の頃をおもい、竜馬のことを追憶したとき、思いは慟哭《どうこく》をともなわずにいられなかったのであろう。この思いは、維新生きのこりの顕官たちが、暮夜ひそかにもったであろう一種のうしろめたさにも通じているかもしれない。

（「産経新聞」大阪版、一九六六年五月二十一、二十六、二十八日、六月二、四、九、十一日夕刊）

「日本史と日本人」より

日本的正義感

歴史の動向を支えるエネルギーの培養土として日本人の中にあるもの

——黒澤明のある作品のなかに、たしか藤田進だったと思いますが、一人の武士が、突然「裏切りご免！」と言って、馬で走り去ってしまうシーンがあった。非常に明るい感じの名セリフとして、印象に残っています。司馬さんの『関ヶ原』でも、たとえば小早川秀秋が、この人間のなかにある暗さとは別に、その裏切りが従来のように暗くは描かれていない。むしろ石田三成の、裏切り行為に対する非現実的な判断の暗さが、モラリスト三成像として、おもしろく描かれていた。戊辰戦争、とくに鳥羽伏見の戦いにしても、両軍の戦力を単純に比較してみれば、幕軍有利が動かしがたいはずなのに、逆の結果になる。ここにも、誰々がということでなく、暗黙の、裏切りの集合体というようなことをあわせ考えなければわけがわからない、といった問題がある。そんなときに、一方で、正義の味方を過度に尊重しながら、もう一方で、時代の動向に奇妙に敏感な日本人の姿があるように思うのです。そういう時代の動向に対する拒否権のなさ、あるいは稀薄さということを含めて、「汽車が発車したからには……」という日本的分別というものを考えてみなければいけないのではないかと思います。

徳川が、井伊家をもって彦根藩を作ったのは、いうまでもなく京都を警戒するためです。井伊家というのは、徳川にあっては、きわめて重要な、いわば世襲の専務取締役の家なんです。井伊掃部頭と酒井雅楽頭と、この二軒だけが徳川初期から末期まで、大老になる資格をもち続けている。特別な名誉と権能が与えられている。その他の家は、どんな譜代藩であっても、老中にまでしかなれない。

しかも井伊家を考えるうえでさらに重要なことは、戦いがはじまれば、井伊家は徳川の先鋒になるということです。関ケ原でも、大坂夏の陣にあってもそうでした。だから徳川は、とくに井伊家に〝赤備え〟を許していた。殿様以下足軽にいたるまで真ッ赤な具足をつけているんですが、このもとは、家康が武田の遺臣の旧臣を吸収するに当って、武勇天下にとどろく武田家の赤備えをそのまま井伊家に渡したものです。井伊家は、武田時代のものをそのまま受けつぐ一つの軍団を作った。徳川軍のなかでも最強のものになっている。

井伊軍は戦場に真ッ先に出現して、敵陣にドリルのように穴をあける役割を受け持つ。その先鋒部隊の名誉を与えられたし、治世においては大老の家である。なおかつ、京都の近くに置かれ、京都を監視する。西国大名が京都の天皇を擁したりするのを警戒するわけです。

これだけ重い責任と名誉を与えられた家は、徳川大名の他の大名にありません。それで、幕末に井伊直弼《なおすけ》は、そうした使命感をもって登場するわけです。

使命感というのはつねに曲者ですが、直弼には強烈な使命感があったということを考えねば、かれの激越な政治行動は理解できない。要するにかれの行動は井伊家そのものの歴史的性格から出てくるのです。その井伊大老が、水戸浪士に桜田門外で殺される。幕府はこれを事故であったことにしようと、井伊の家中をなだめて泣き寝入りさせてしまう。ここまではまだいいんです。

それより、あとのことです。

西国大名である薩長が興って京にのぼって天皇を擁して天下に臨もうと企てるばあ

い、幕府側の井伊家としては近江彦根からまっすぐに南下して戦いにとびこんでいくべきなんですね。それが、井伊家の歴史的使命であり、死んだ直弼のエネルギーの源だったのです。ところが、鳥羽伏見の戦いの前夜の井伊家はどうでしょう。考えこんでしまう。どうしようかと思う。

当時、徳川慶喜《よしのぶ》が大坂にいて、徳川軍は大坂と京街道十三里のあいだに長大な縦深陣地——十三里もある——を作っている。先鋒はやはり井伊と会津・新選組で、伏見あたりにいて幕軍の最尖端です。京都の薩長はあわせて三〜四千、徳川は五万、数字から見たら明らかに薩長の負けです。

ただ薩長は天皇を擁して、クーデターに成功している部隊なんです。時代はどうも薩長の側にあるらしい。そういう時代の雰囲気——これが歴史が歴史をつくってゆくふしぎなもの——があって、それは彦根藩も濃厚に感じている。感じているということは、すでに自分のつくった時代像に負けこんでしまっているということでしょう。

クーデター部隊の西郷隆盛らが非常に心配したのは、この彦根という大藩の動きです。南の大坂方面に徳川の本軍がいて、後の大津口から彦根に突かれたら、薩長軍はひとたまりもない。そのためにひそかに説客を送っている。たれが行ったのか、史料ではよくわかりません。その何番目かの説客に、伊藤博文がいたということはわかっています。ともかくも、彦根藩がこちらがたにつく、すくなくとも敵対しないということが西軍にわかっていた。

この時期の彦根藩は、悲劇的、あるいは喜劇的かもしれません。どうしようかと思い迷って、これはきわめて異例のことですが、大衆討議にかけた。三百年の徳川体制のなかで各大名を通じて一度もなかったことです。これまでは藩主が家老たちとはかって事を決めてきたのに、今回は処置に困って全藩士たちにはかった。上士以上の石取武士が城内に集まる。何人扶持といった下士たちは、城下の寺に集まった。両者をあわせると一万人を超える。三十五万石ですからおおぜいです。

ところが札入をしたら、徳川のために最後まで戦おうという意見が、三票しかなかった。

当時の日本人にとって何が正義かと言えば、徳川への忠誠心も当然ながら正義なんです。しかし、それは小さき正義である、という考え方がある。新しい時代に参加することこそが、何にもまして正義だ、という考えかたですね。

これが大勢を占めた。日本人を考える上で重大なことです。関ケ原の場合もそうだった。福島正則も、加藤清正も、徳川方についた。彼らは秀吉の恩顧で、給仕上がりから大名にしてもらった。彼らは秀吉の遺児のために働かなければならない立場にある。それなのに、明日からは徳川体制だ、というところに正義を感じて、徳川方につく。こういうことが日本歴史のなかで、そういうことばが使えるとすれば大きな「エネルギー」になっています。

この問題を、軽薄とか無節操とか、よくモラルという窓から見たがる。モラルで見ることももちろん必要ですが、モラルだけで見たがると、歴史がわからなくなります。日本人はどうも、社会を壊してしまうことはいけないことだ、と思っているようなのです。そして、社会を組みあげていくことが正義だと思っているらしい。一つの社会が壊れたら、すぐ新しい社会を組みあげていきましょう、というところがある。新しい社会ができると、立場立場で非常に不満ではあるけれども、作ることに正義を感じて妥協してしまう。福島正則も加藤清正も豊臣家への不忠の臣として語られていません。徳川体制をつくる上での有力な協力者だったという〝正義〟の上でかれらのモラルは浄化されています。ジョセフ・フーシェを悪人だと考えるのは多分に西洋的なのかもしれません。

普通、社会を構成する能力のない住民というものは、無能力の場合は別ですが、シャープすぎるほどの理論家が多いんです。はげしい議論があって、ついに相手を許せずに、おたがいに議論のなかで共倒れになってしまう。そこに妥協がない。日本人はその点、不満を抱きながらも妥協してしまう。

たとえば鳥羽伏見の戦いの段階で、全国の武士階級に、「薩長を主体とする京都政権をあなたは認めますか?」というアンケートを出したとしたら、九割九分まで「認めない」というところにマルをつけると思うんです。本心はそうなんですね。さらに「京都で天皇を擁している薩長を主体とする新政権が、新しい時代をつくると思いますか?」と言えば、「思います」と答えるでしょう。分裂しているわけです。日本人の心の二重構造性を考えないと、歴史は見にくいのではないでしょうか。

最後に第三問として、「そこで、あなたはどういう行動をとりますか?」と問えば、○も×もなく、沈黙する。しかし動かざる沈黙ではなく、無言のうちに新しい時代に参加していく。そういうところがあるのですね。そういうことが、いいわるいはべつとして、時代を進めていく大きなエネルギーになっている。

このことを私たちは、中国風の、あるいはヨーロッパ風のものの見かたで見がちなんですね。周の祖の武王が殷《いん》の紂王《ちゅうおう》を討つのを諫《いさ》め、それが容れられなかったために首陽山にかくれて、〝周の粟《ぞく》を食《は》まず〟と、わらびだけを食べて餓死してしまった伯夷・叔斉を、尊んだりするところがありますでしょう。それはそれで人間としての価値の尊さだと思います。しかしながら右のような大エネルギーのほうも、社会科学的な見かたで肯定的に見ていったほうがいいんじゃないか、と思います。

とはいえ、私個人の思いでは、日本史に拒否権の思想がないということ、そのことを考えると、日本の歴史の姿に溜息が出る思いがします。しかし、こういう無拒否の姿をどう肯定するか、肯定という大事業をするには、そこにもうひとつ、新しい思想が必要なんですね。

文明や文化をつくることが人間の正義だとすれば、これは正義です。社会が組みあがらないと、文明や文化のパワーは出てこない。ただ、村々のたたずまいがある、というだけです。日本人は大化の改新以来、社会をくりかえし組みあげてきた、比較的少ない民族です。そういう能力を日本人はもっている。そこから日本文化のパワーが出てくる。

ところが老荘の思想のように、それはイヤだ、と斜《はす》かいになってしまう立場から言えば、これは実に愚劣な、滑稽きわまりないものでしょうし、他の拒否の思想の立場から言えば、人非人の姿とも言えますね。

私はまだ、日本人というものを、どう見ていったらいいのか、自分自身の立場を確立してはいないんですが、やはりいま、日本人のもっている、あるいは日本人がその

ないでしょうか。歴史のなかでとってきたこの姿勢を、みんなで考え、検討しなければならないのでは

とくにこの問題に関しては、よその国でできあがった文化観察の方法には、ちょっとあてはまらないところがある。これをあてはめてしまうと、日本人はどうにも軽薄で、かわいそうです。私は自分自身、日本史の日本人たちを多少軽薄だと思っていますが、全国的にそうだと言われると、これは自分自身をまで否定し去らねばならなくなります。

日本社会は、歴史的に一神教的な風土ではなかったし、したがって、絶対神というものを、私たちは本質的に理解できない。それよりも、多神教的と言いますか、汎神教的というか、山や谷やせせらぎにも神様がいるという、そんな国に私たちは生まれている。こういう風土のなかで、なにか自分を許容する、自分の不節操を許容してきたのではないか、と思うんです。

加賀の前田家は、関ケ原前夜に徳川に協力して、徳川体制の成立につくすわけですね。秀吉から、秀頼を頼む頼む、と言われた前田家にしてそういう行動をとる。利家は秀吉の死後まもなく死んでいますから、利家の未亡人と子どもが前田家をそのような方向へ運営してゆく。結局、徳川を援《たす》けて豊臣を潰し、前田家も生き残る。そこで

多少の自責と悲しみがあって、城内にひそかに太閤さんを祀《まつ》るわけです。祀れば、済む。

そういう藩が割合多かった。神は東照権現《ごんげん》である徳川家康だけでなく、ちょっと流《は》行《や》らなくなったが、かつての主権者秀吉を、豊国大明神として領内にこっそり祀っている。こういう八百万《やおよろず》の神々が、ゴチャゴチャになってある。

だから、一神教的な、くっきりした姿を要求されると、日本人はちょっとかわいそうです。ハッキリしろ、と言われても、どうもそういう具合にいかないところがあるんですね。

藩というイメージ

種々の洋式モデルの前で、日本人はいかに選択してきたかについて

——幕末における〝藩〟とは何か、ということを時おり考えたりするんですが、かなり複雑な要素が、この〝藩〟の問題には入りこんでくるように思うのです。たしかに当時、司馬さんが『竜馬がゆく』のなかなどで書いておられたように、〝一藩から一国へ〟という視点の動きが見られるように思います。これはちょうど現代における一国から世界へという視野のひろがりと、思考の土壌の変化あるいは拡大ということで、よく似ているようにも思いますが、同時に、当時の〝一藩から一国へ〟は、その後の、つまり明治以後のナショナルな発想の枠にも結びついて、現在、一国から世界への目のひろがりを妨げる要素にもなってきているようにも思います。したがって今日、幕末のこの問題に目を向けるさいに、一方で触発作用をそこから受けながら、もう一方で、私たちの視野のひろがりを歴史的に縛ってきているその当時の〝一国〟の発想を、どのように受けとめ超えていくか。そういうことからも、当時の藩自体をとらえ直す必要があるように思うんですが、その場合、いわば行政単位としての藩と、藩士や藩民たちの生活単位としての藩と、その両者の微妙なからみ合いが、一藩ごとの統制力が弱まった幕末の時期に、かなり各藩ごとに出てきているのではないか。そこから竜馬のように世界に目を向け、そこからまた一国のありかたをとらえようとする目が生まれたりもする。

幕末の志士たちが使う〝藩〟ということばには、〝法人〟というニュアンスが含まれていますね。徳川初期には、福島左衛門大夫家来何の誰兵衛、細川越中守家来何の誰兵衛であって、肥後藩、熊本藩の何の誰兵衛とは言わない。〝肥後・熊本藩〟と言い出したころには、すでに藩主は象徴化され、制度化されて、藩主も藩士たちも自然人ではなくなっている。

細川忠興は自然人でも、幕末の殿様は、制度化された機関であって、藩は法人になっているわけです。したがって、殿様に対する忠義ということも、幕末では、ナマな忠義、という言いかたはおかしいですが、ナマの人間に対する忠誠心ではないんです。たとえば長州藩の殿様である毛利敬親《たかちか》という人は、わりあい藩士からは気がいいことで愛されてきたんですが、しかし一面〝そうせい公〟と、藩士たちからかげ口を言われた人です。右の連中が出てきても、「そうせい」、左の連中が出てきても「アアそうせい」、人が好いのか阿呆なのか、とにかく〝そうせい公〟であったために、藩士たちはみな自由に動けた。一時は藩内が混乱したけれども、やがて長州は討幕藩たり得た、そのために役立ってもいるわけです。

なぜ彼が〝そうせい公〟になったのか。

このとき、自然人としての判断で「ノウ!」と言ったら、殺されていたかもしれません。たとえば毒殺。すでに藩内には革命勢力が擡頭《たいとう》して、これが非常に過激になっており、この勤皇派と佐幕派との対立も激化している。

勤皇派、当時長州では〝正義派〟と言っていましたが、彼らがくれば「イエス!」と言い、正義派がたおされて佐幕派が内閣をつくれば、やはり「イエス!」と言う。

こうしてそのときどきの実権派の上にのっかっているわけですが、これは極めて制度的な存在、つまり法制上の機関だと言えるでしょう。毛利敬親は、己れを殺して機関化・象徴化した人なんですね。たえず誰かが彼をかつぎながら、藩のリーダーシップをとる。日本人の、法制社会に対する知恵や認識が、そこまで進んでいたということでしょうね。

幕末には、三百諸藩が多かれ少なかれ法人化しかけていたわけですが、そのなかにも、アクティブな法人と、ノンポリの法人とがあった。そのちがいがどこから出てきたか。その条件はいろいろ考えられますが、法人であるくせに歴史上の自然人格がここに顔を出してきているんですね。戦国時代に非常に強い殿様のいた藩は、アクティブなんです。細川藩のように、どちらにもつかないような中立的な藩でも、どこかアクティブなところがある。

それに対して、徳川三百年のあいだに、官僚制度の都合上ひょいとできてしまったような藩は、やはりノンポリなんですね。たとえば柳沢吉保が、お茶坊主のように将軍にゴマをすって、大名にしてもらった。そうしてできた藩だとか、堀田という官僚が将軍に気に入られてできた堀田藩など。徳川初期にはよくこんな藩ができています。仙台藩などは、維新には乗りおくれていますけれども、非常に熱度の高い中立で、藩内ではアクティブな沸騰があります。それはやはり藩祖伊達政宗という人の、遠い火照りなんでしょうね。徳川の藩〝法人〟というものも、考えてみると、なかなかおもしろい問題をたくさんもっているんです。

——明治になって、近代国家を創りあげていこうとするときに、兵制の問題とか、学問を含めていろいろの考えかたを、ヨーロッパのさまざまな国をモデルにしていくということがありますね。それが専門ごとにモデルとする国がちがっていたり、兵制のようにモデル・ステイツが変わっていったり、ずいぶん厄介なことがおこるわけですが、考えようによっては、またモデル・ステイツの組合せかたというか、そのアナーキーさの生かしかたによっては、これはおもしろいことだとも思うのです。すこぶるアナーキーなモデル・ステイツのつくりかたが、何か日本人のある面を映し出しているようにも思えるのです。たしか司馬さんの『殉死』のなかにも、これが問題にされていますね。

鉄道省がいつできたのか、手もとに文献がないために正確なことがいえませんが、明治二十年代にはまだ省として独立しておりませんね。逓信省《ていしん》が国有鉄道を主管する単独官庁だった。

その明治二十年代のはじめに、逓信省の肝いりで、鉄道委員会というものが、発足した。すでに東海道線はできているけれども、いまの山陽線その他ができていないので、その方面に国鉄を敷設していこうという、そのためのものです。ついでながら国立の鉄道をもつという考え方は英米的なものではなく、ドイツ的なものですね。当時のことですから、この委員会の議長は参謀総長なのです。このあたりも、プロシャ的です。このときの参謀本部の親玉は川上操六でした。ただし事務局は逓信省がうけもつ。立案もうけもつ。時の逓信大臣は黒田清隆です。そのほか、委員会の重要なメンバーとして、陸軍大臣の大山巌が入っている。この三人、ともに薩摩人です。

川上操六というのは少将時代に、乃木希典といっしょにプロシャに留学して、プロシャ陸軍の参謀本部で参謀訓練を受けた人です。いや、プロシャというより、すでにドイツですね。ドイツは「国家が陸軍をもっているのではなく、陸軍が国家をもっている」といわれた国です。川上も、ドイツ的なものに首までつかって帰ってきた。できれば日本という国全体をドイツのようにしたいと考えている。彼は天才的な参謀といわれていましたが、同時代の過大評価かもしれません。ともかくも川上にはドイツ陸軍のエピゴーネンのようなところがある。

そのころドイツは、ナチのころのドイツの原型のようなもので、一国全体が戦争機械のようになっている。これはあるいはゲルマン騎士国のむかしからの原型かもしれません。その戦争機械としてのドイツ帝国が、たえずフランスの横腹に短刀を突きつけている。

いいや、話がそれました。日本の鉄道委員会のはなしです。この川上が、逓信省から提出された青写真に、こりゃだめだ、と言う。彼の言い分は、この逓信省案では、レールが海岸ばかりに敷かれることになるじゃないか、ということです。

むろん、逓信省としては、当然なことです。海岸は経費がかからず、敷設工事もしやすい。

「それでいいじゃないか」

薩摩の先輩の黒田清隆がいうと、川上は、いいえ黒田サン、いけません、もし外敵が瀬戸内海に侵入して、この鉄道に艦砲射撃を加えたらどうなる。陸軍の輸送ができないではないか。そうなったら、いくさは負けだ、という。ドイツ仕込みです。

事務局は困ってしまって、では閣下どうすればいいのでしょう、と聞くと、簡単だ、山間僻地《へきち》にレールを敷くのだ、と言う。それでは経費が三倍はかかる。トンネルを掘ったり、さまざまな作業も必要になる、と逓信省は難色を示すわけです。

この席に陸軍大臣もすわっている。ついでながら陸軍大臣はおなじ軍職ながら参謀総長とは別個の機能で、しかも同格のものです。陸軍大臣は陸軍の管理職であり、参謀本部は作戦の主体です。この両者が並び立つ形で陸軍を支配し、また同時にこの委員会の委員になっている。

しかし、薩摩においては大山巌のほうが川上より先輩です。この大山の留学先はフランスです。明治初年にいちはやくフランスに留学しています。砲兵は、ヨーロッパにおいてはフランスがナポレオン以来、当時最も進んでいるといわれている。しかも年少のかれはすぐれた砲兵士官で、弥助砲という大砲まで発明しました。ともかくものの考えかたにフランスの影響がつよい。

かれは重い口をひらいて、

「川上サン、あなたの考えかたは根本から間違っている。だいたいが鉄道というものは軍隊のために敷くのではなく、国民の福利のために敷くのだ」

といった。これは〝フランス〟です。大山巌が言っているのではなく、フランスが言っているわけです。もともとフランスは一部に国有鉄道があるそうですが、大部分は民間経営で、それがたてまえです。

もうひとつついでながら、かれらは薩摩人である。薩摩の藩士教育というのは佐賀のような教養主義ではない。たいていのひとは新制中学卒業程度の教育しかうけていない。頭はべつですけれど。
ともかく、会議が川上の反対のために紛糾し、収拾がつかなくなった。事務局側の黒田清隆は腹が立ってきた。黒田は、三人の薩摩人のうち、最年長です。戊辰戦争における薩軍の司令官のひとりであり、維新後いきなり陸軍中将になった。いきなり国軍の大幹部になったためにどこにも留学していない。ドイツ派でもフランス派でもなく、ナマの薩摩人です。

彼は逓信大臣ですから、もちろん逓信省案を通したい。それをナマの薩摩式にやった。川上の「ノー」に対して「操六っ」と、どなった。

「汝《わい》ドンはなんでわけのわからんことをぐずぐずいう。表へ出ろ、表で話をつけよう」

と、腕をまくった。これがナマの薩摩式。日本式といってもいい。まあそれで案がまとまった。結局、折衷案をとって、一部山間部を通すということで山陽道が作られる。

日本人は、第二の母国をもっていて、それで物事を発想する。古来のくせですが、むかしは中国だけですから単純でよかった。明治後はいくつかにわかれた。この話は、その象徴的な事例だと思います。ただ、それぞれがモデル・ステイツのあり方で物を考えたりしますが、明治のころは技術輸入が急だったこともあって、モデル・ステイツは道具であって、主体性はあった。昭和時代は、このモデル・ステイツに革命ロシアや革命中国が入ってきたために、目を吊りあげて物をいう派が出てくる。険悪になってきましたが、原型としてはかわりませんね。

蘭学と英学

世界観か技術か、洋学を摂取する幕末の学者たちの開国をかけた選択について

――幕末に蘭学から英学へと、洋学の主流が移行していく時期がありますね。以前、九州のある藩について、この時期のことを調べたことがありまして、そのときに感じたのですが、幕末以前の江戸時代の人たちを含めて、蘭学者たちのほうが、幕末に英学技術を学んでいく人たちよりも、コスモポリタンというか、世界にじかにつながっていく目をもっていたように思われるんです。開国の精神と言ってもいいと思いますが、どうもそれが当時の英学者よりも蘭学者のほうに強く保持されている。もちろんこれは私の感じに過ぎないもので、ひとりひとりのケースではまたちがいましょうが、蘭学者にとっての蘭学は

〝世界〟であって、当時の英学を学ぶ者にとっての英学は〝技術〟である、といった関係が見られるように思われてならないのです。一つには開国状況がそれだけ進んできているとも言えましょうが、洋学を受けとめる者の姿勢のなかに、〝世界を知る〟という構えの濃淡がある。それはあるいは、世界を見る目のほうを状況にゆだねてしまって、そのなかの一部分だけを自分が受け持つという発想なのではないか。またあるいは、さきほどおっしゃったモデル・ステイツがその辺からもう生まれてきているのではないか。そういったことを、当時の蘭学と英学との関係に感じたことがありまして、開国ということをそこからもう一度見直したいと思っていたのですが、それはどうでしょうか。

たしかに最初に蘭学をやったグループのほうが、後になって英学技術を身につけてくる連中よりもずっとコスモポリタンであることはおもしろいですね。オランダという国民なり民族的な思考法そのものがどちらかといえばコスモポリタンの性格を帯びていますから……。ことばというのはこわい。外国語を学ぶことはその国の文化を征服するようなものだということばがありますが、征服というより多分に征服されるところがある、いや影響ということばに言いかえるべきです。影響される。蘭学者はオランダに影響された。当時オランダは帝国主義的なナショナリズムという点ではすでにヨーロッパの第二線第三線にあって、外国と商売はするが領土はねらわない、というところがある。いわば、気楽な国です。

その気楽さが、日本の蘭学者にもあって、国を憂えるよりも、ものを楽しむ、というものですね。当時の蘭学者は、たとえば風琴のようなものをこしらえてよろこんだり、エレキを作ったり、マッチ棒を手に入れて蘭癖大名たちが贈ったり贈られたり、そういうような何かちょっとしたことで、当時のことばで言えば、蘭癖を誇ったり、楽しんだり、モダン通人ぶったりする。むろん蘭学を天下国家の用に立てようとする精神のグループは別にありますが、それは多くはペリー来航との国家的緊張期に入ってからのことで、それ以前の蘭学者の気分にはどこかディレッタンティズムがあった。

ところが英学は、どうしても英国風のナショナリズムを背負って日本にやってくる。幕末のぎりぎりになると、英学のほうが、当時の日本の気分に合ってくる。もともと幕末に英語を学ぶということがおこなわれてくるのは、ぎりぎりの段階になってからです。それも戦争というショックを契機に入ってきた。薩摩藩が薩英戦争をやって英語国の艦隊にさんざんやられてから手をにぎり、それまでの蘭語洋学を英語洋学にきりかえる。長州も四カ国艦隊との戦争をやり、負けて和睦《わぼく》して、それでもって留学生――伊藤博文、井上馨――をロンドンにやる。

ついでですが、長州と薩摩がやった攘夷戦争の段階では、敵のイギリス側には、領土的野心はすくなかった。ロンドンの議会なり外務省なりは日本を侵略しないという基本方針があったようで、このため出先機関に対し、日本と戦争を起こしてはいけないということを、何度も言っていたようです。出先が勝手にやった薩英戦争のことを、ロンドンの政府当局はえらく怒っている。イギリスにとっては、日本は商売上の標的にさえなればいいのであって、こんな攘夷運動のさかんな国をとったら内陸戦でミソをつけるか、あとで手をやくかだけだというわけだったのでしょう。サムライの攘夷活動というのは、民族的結束心の高さを列強に知らしめたという点では、あらためて評価しなおすべきだと思います。

それは余談。これも感じの話ですが、ともかく当時の日本人にとっては英学は蘭学よりダイナミックな感じがしたのですね。水平線のかなたの「英学」という世界からほんとうに軍艦がやってきて雄藩の山河に砲弾をうちこんでしまう。アームストロング砲がヌッと出る学問の感じがしたでしょう。ところで幕府の正統は蘭学で、のちに仏学です。薩長は英学。薩長がたてた明治政府にあっては、英国公使のパークスが自分がつくった政府のように思っていて傍若無人にふるまった。むりもないことです。

ところで、当時の日本人はドイツ語のほうはぴんとこなかったようでしたな。ドイツというのは、国が統一されたばかりでしょう。アジアにまでかれらの手がのびるのは、明治三十年中国の膠洲湾をカイゼルが不法占拠してからです。幕末の日本にとっては条約は結んでいますが、遠い国だった。日本人というのは好奇心がつよくて、そういう遠いドイツ語をやろうとした者が、幕末で数人はいた。どこでどう勉強するのか、大変な苦心だったはずです。東大の初代総長になった加藤弘之がその代表です。

かれは出石《いずし》藩士で、はじめ蘭学をやった。当時幕府は蘭学屋をどんどん幕臣にとりたてていましたから、この加藤も、出石藩から転じて幕臣になった。そのころに加藤は、蘭学はもう斜陽だとみた。仏語が、あらたに登場してきて、蘭学書生などがあらそって仏語に転向している。

加藤は、ひとのやることはおもしろくない、とおもったのでしょう。それでドイツ語をやった。わしは本邦でドイツ語をやった草分けである、ということを晩年になってもいっていた。

語学者は、開化時代の最高の技術者です。かれは戊辰のとき薩長への抗戦をさけんだ主戦論者の一人ですが、新政府にもよび出されて、外国の制度や法律の翻訳をやった。エヴォリューションを進化と翻訳したのはこの加藤です。進化という訳語はつくりましたが、仏学派や英学派が立憲政治や民権論をとなえはじめたとき、かれは断固反対の論陣を張りました。ドイツ的です。そのくせ一種ドイツ風のニヒリズムのようなものがあって、「人間と言えば立派に聞こゆれど遺伝応化の人形とこそ知れ」などという和歌をつくっている。かれは東大総長のときに、卒業式の晩に学生がさわいで、このため小川町警察署が手入れをしようとした。このとき加藤は断固として警察をおさえ、手を下させなかった。大学の自治というか、そういうものが明快になった最初の事件ですが、これもドイツの大学でおこった事例にのっとったようです。しかしこの事件はあとで文部省が出てきて介入し、加藤はこれに屈し、百四十六人の退学者を出した。しかし加藤はそのあと、一年間のうち三回にわたって学生を復学させ、ぜんぶ救った。こういうやりかたも、その後の東大や他の六帝大に遺伝しました。

幕末のぎりぎりでの加藤弘之はなかなか骨っぽい。慶喜が大阪から逃げ帰ったときには、箱根の関所を閉ざして戦え、と献言した。むろん慶喜は黙殺しましたが、これを進言しにゆくとき、彼は裃《かみしも》をつけて、登城し、廊下を歩いていた。その姿を、翻訳役人の詰問から見ていたのが英学者の福沢諭吉です。

ちょっと福沢のことを言うと、かれは咸臨丸でアメリカに行ったころから、幕臣でありながら自分を幕臣として規定せず、単なる翻訳技術者であるとしてはっきり規定している。彼はかなり危険なことを言っているんです。自分は幕府に何の忠誠心もないし、それを持つ必要も理由もない。幕府が自分に要求しているのは翻訳技術だけだからだ、というわけです。

だから幕府瓦解の愁嘆場になっても、江戸城内でヘラヘラと情勢をながめている。みごとなものです。そこへ加藤が裃をつけてやってきたのを見て、「加藤さん、あんた今日は何しにきたんだ」ときく。加藤はムッツリと黙っている。二人はどうも仲が好くなかったようなのですが、福沢はかんのいい人ですから、

「あんた、将軍に戦争を奨《すす》めに行くんだろう」

とずぼしを突く。加藤がだまっていると「それなら一つだけ頼みがある」と福沢がいった。

「どういうことだ」

と加藤がいうと、

「あんたらが戦争を始めるなら、いまからやるぞと私に最初に耳打ちしてくれんかね。

するとさっさと荷物を背負ってお城を逃げだすから……」

こんなことをいえるのはすごい度胸ですが、すでに福沢のあたまにはアメリカ式の開明主義というものがあっていずれは世の中はそこへゆく、ゆかねばならんという度胸の拠りどころがあったでしょう。ドイツ屋の加藤はいやな顔をして行ってしまう。

同じ洋学者のなかにも、このように蘭学派、英学派、仏学派、ドイツ学派とあって、それぞれ語学的な母国からの影響でたがいに他とちがうことを考えたり言ったりしてゆく。そのうち、明治初年にドイツがフランスに勝って日本人にドイツの強さを認識させる。日本陸軍がおどろいてドイツ式を採用する。医学のほうも、普仏戦争とは関係なしにドイツ医学をとり入れる。陸軍におけるドイツ的体質、医学界におけるドイツ的体質はこのようにしてできあがってゆく。海軍はいわでものことですが英語です。だから昭和十年前後の日本帝国主義の無茶苦茶時代に、中国のある政治家が、「日本人は国内に二つの人種をもっている。陸軍と海軍である。これは人種というより言いようがない」といったのは、陸と海という思考基盤のちがいだけではないといえます。語学からうけた思考法のちがいということは見のがせないでしょう。

ただ、いまになってこまるのはロシア語というものがなかったことですね。

もっとも幕末、幕府はロシアを通じて欧州文化を学ぶことも多少は考えたらしく、山内作左衛門ほか数人の若者を留学させた。多くは蘭語をやっていた者で、蘭語からの転身さきとしてこのように数人がロシア語を選んだのですね。かれらは函館からロシア軍艦にのって海路ロシアにむかい、六カ月後にペテルスブルグについた。ところがこれらの留学生は帰国後、幕府でもさほどの活躍はせず、維新後、消えたにひとしい。ロシア語というものには、時の需要がなかったのです。理由は、ロシアは一流国でない、ということでしょう。明治政府の考え方は、なんでも一流品を導入するというもので、語学でもそうでした。普仏戦争でフランスがまけてからドイツ語がはやりだしたように、ロシア文化というものに高い価値をおかなかった。

東京帝国大学およびその後の旧帝大にロシア文学科がおかれず、いまだにおかれていないのは、文学の点ではロシア文学が高い位置を占めているのに語学ということになるとやはり二流国の語学だったからでしょう。まして革命がおこってからは、その必要をたとえみとめても旧帝大にはそれをおかなかった。東京外国語学校という専門学校にだけそれをおいた。外語から外務省に入るロシア語専修者は、通訳官か書記生程度の低い身分だった。早稲田大学がロシア文学科をもっているのは、これは私学だからで、別問題です。

そのロシアが英語国のアメリカとともに世界の政治と武力を二分する国になってしまったこんにち、どうもこれはこまるんじゃないですか。維新早々の日本ならさっそくロシア語をほうぼうの学校の専修課目として入れたにちがいありません。明治の日本がきめた語学群というものをいまの日本がまだ踏襲しつづけているということもおもしろいといえばおもしろいですが、同時に、明治の日本人の対外的過敏さというものから、いまの日本人はやや鈍感になっているともいえます。いいかわるいかはべつです。

(『手掘り日本史』毎日新聞社、一九六九年六月)

人間の魅力

歴史小説の書き手というのは——ちょっとお伽《とぎ》ふうにいいますと——変なものですね。ある時期は明治時代に棲《す》んでいたり、江戸時代の崩壊期にいたり、また日本海まわりの北前船《きたまえぶね》や太平洋まわりの樽廻船《たるかいせん》が、機織《はたおり》の杼《ひ》のように流通の海をゆききしていた江戸時代のまっただなかにいるような気になったりします。そのなかで、テレビや新聞のニュースを見ている。どちらがわが浮世だかわからない。

もう一つ私にとって変なのは、自分の実人生の一時期、太平洋戦争という異常な時代に属して、軍服を着ていた、ということです。その時期におなじ中隊に属した将校や下士官、兵の人達といまでもつきあっています。ほぼ同齢、みなおだやかで篤実《とくじつ》な市民です。

頭のなかに幾重《いくえ》にも時代が入っていて、これがかえって〝気散《きさん》じ〟になっています。気散じというのは関西弁で、精神衛生にいいというほどの意味です。

戦後、生きて帰って、五十年にもなるというのも、身にこたえますね。日本国にとってせめてものめでたさは、この五十年、平和という一点において、誤りを犯さなかったということです。

戦前の日本人は、国家に対して従順でした。〝あんなに国家が無茶をやっているのに、国民は羊だったじゃないか〟とアメリカのノモンハン事件の研究者にいわれたことがあります。羊だった理由はあります。一八八九年に帝国憲法が発布されて、法治国家の〝国民〟になったことがうれしかったこと、それから十六年後にロシアの南下を押しかえしたこと(日露戦争)が、国家への信頼と結びつきました。お上《かみ》のなさることはまちがいないと思いこむようになって、大正・昭和を迎えてしまったのです。

戦後日本のことです。戦後は逆に、われわれは日常の不満を政治にむけることがふつうになりました。この五十年の平和についても、日本は対外的に佶屈《きっくつ》としすぎるとか、町人国家でありすぎるとか、さまざまな、いわば贅沢《ぜいたく》な不満が世間にあります。それらについて、ここで論じようとは思いません。

また、将来の日本はどうあるべきかなどということも、自分の分《ぶ》ではなさそうです。トシをとると、不易《ふえき》なものに安堵《あんど》を覚えるようになりますね。自然が身にしみて美しいと思えるようになるとともに、世々に生きた人達に、人としての魅力を一入《ひとしお》感ずるようになります。不易でなく安易《イージー》になりますね。人の魅力について語れ、といわれて、自分が壮齢のころに書いた作品を枕《まくら》として使おうとしているのも、それです。

なにか、お喋《しゃべ》りします。

その前に、述べておかねばならないことは、昭和初年から太平洋戦争の終了までの日本は、ながい日本史のなかで、過去とは不連続な、異端な時代だったことです。そのことは、『この国のかたち』のなかで、〝鬼胎《きたい》〟の時代と書きました。鬼胎とは自分では辞書にある公認語だと思って使いましたが、どうも辞書に見あたりません。日本史という生命の流れのなかで、宿るべきでない異胎が宿った、というつもりで、つい鬼胎という言葉をつかいました。造語は、よろしくありません。異胎と言いなおします。

異胎とは、明治憲法の上であるべきでない統帥権《とうすいけん》の無限性と帷幄《いあく》上奏権というものでした。陸軍の統帥機関（海軍では軍令部）の長が、首相その他の行政権の輔弼《ほひつ》者にことわることなく、戦争、事変、作戦の大事について天皇に直接上奏できるという権のことです。明治憲法でも天皇の位置は無答責ですから、天皇は原則として否《ノー》とはいいません。統帥権は結果として日本国を、内閣とは無関係に、戦争へ叩《たた》きこむことができるという、憲法解釈上の権能です。このふしぎな憲法解釈がもたらした惨禍が、日本国をほろぼしただけでなく、他国に対して深刻な罪禍をのこしました。

どうも、ことばが、昂《たかぶ》りました。

要は昭和の戦争時代は日本ではなかった——幾分の苛立《いらだ》ちと理不尽さをこめて——私はそう感じつづけてきました。

もっとも、この考え方は他のアジア人には通じにくいですな。かれらにとって太平洋戦争の時代の日本が日本像のすべてで、兼好法師や世阿弥《ぜあみ》や宗祇《そうぎ》の時代の日本や、芭蕉《ばしょう》や蕪村《ぶそん》、あるいは荻生徂徠《おぎゅうそらい》の時代の日本、もしくは吉田松陰という青年が生死《いきしに》した時代の日本など思ってはくれません。くだって日露戦争の時代の日本像ぐらいを参考材料として日本を見てくれればありがたいのですが、他の国の人にそんな押しつけをするわけにはいきませんしね。せめて日本人が、基本的な日本人像をきっちり持ってくれていると、ありがたい。

私は『坂の上の雲』という小説を書き終えたあと、明治人というのが、昭和ヒトケタ時代に小学生だった私でさえ、外国人に思えました。明治人がもっていた職人的な合理主義は、昭和の指導者たちには皆目なかったように思えます。

その日本が昭和という異胎の時代をなぜ迎えねばならなかったか、日本人が何を失っていったのか、については前に述べたところですから、ここでは繰り返しません(『この国のかたち 四』所収)。

ただ、その中で「武士の時代を矢に譬《たと》えれば、名目上は、明治元年で武士の時代は終わったけれども、二十世紀初頭まではまだ矢は飛びつづけていたように思います。その最後の段階で日露戦争がおこった。このことは日本にとって幸いでした。当時は、武士の時代の気分がまだのこっていた。たとえば戦争期間中、旅順《りょじゅん》が最大の問題でしたが、最後には、この武士的なリアリズムあるいは職人的な合理主義によって、日本は危機を打開していったように思います」と述べました。

そこで今回はその幕末維新に話をさかのぼらせます。

なにしろ秩序の崩壊期ですから、人々が階級的儀礼を越えて、裸で出て参ります。勝海舟が幕臣の身でありながら、神戸に海軍塾をひらいて浪人をあつめているというような異常な時代でした。その塾頭に、土佐を脱藩した坂本竜馬がいました。やがて竜馬が長崎で独立する。亀山《かめやま》社中、のちの海援隊という洋式帆船による海運会社をおこします。いわば株主として、薩摩《さつま》、長州、越前福井の諸藩から資金や資材をあつめ、伊予大洲《おおず》藩から洋式帆船を借り、のちに土佐藩からの資金も期待して、藩からの出向者としての岩崎弥太郎を会計掛《がかり》にする。結果として明治後、ややこしい数式を経て岩崎による三菱会社になった、といえなくはありません。

そのくせ、浪人結社です。竜馬には、浪人をもって、江戸封建制から脱《ぬ》け出した最初の〝日本人〟と考えるような思想がありました。

『竜馬がゆく』を書き終えてから気づいたことですが、竜馬は江戸封建制のなかにあって、架空ともいうべき一点――海援隊――を長崎でつくり、まだ藩にこだわっている革命家たちとはちがう星にいるかのようでした。かれは、世界に対して貿易をすることを夢みていました。それには日本が統一国家にならないとこまるのです。

おりから京都の情勢がもたついている。慶応二年（一八六六）の薩長秘密同盟へのとりもちも、竜馬のそういう思考の場所から出ていました。

薩長秘密同盟の締結によって幕末の混乱がその終息にむかって躍進したことはたしかです。

場所は、薩摩藩の京都藩邸でした。長州からひそかにやってきたのは、のちの木戸孝允《たかよし》ですが、薩摩側は西郷のまわりに多少の人数の顔ぶれがならんでいました。大山弥助、野津《のづ》七左衛門という名が見えます。大山弥助はのちの巌《いわお》、日露戦争の満州軍総司令官です。そして野津七左衛門はのちの道貫《みちつら》、やはり日露戦争で第四軍の司令官をつとめた人物です。日露の戦いまでは、こうした人物たちが指導的地位についていました。ちなみにこの同盟には西郷の弟従道《つぐみち》も立ち会っていますが、彼が日露戦争後の日本海軍の充実に力を振るった山本権兵衛《ごんべえ》の最大の後援者であったこともよく知られているところです。日露戦争が、時期的に強弩《きょうど》の末だったことがわかります。

『竜馬がゆく』を産経新聞に連載したのは昭和三十七年から丸四年間でした。

慶応二年正月十日、桂《かつら》小五郎（木戸孝允）ら長州藩士一行は京都・相国寺門前《しょうこくじもんぜん》の薩摩藩邸にひそかに入ります。当時、薩摩と長州は薩長同盟のくだりを思いだしてみると、とてもそんな同盟ができあがるような情勢にはありませんでした。その前々年には蛤御門《はまぐりごもん》の変で長州軍は薩摩と会津の連合軍に完膚《かんぷ》なきまでに破れ、薩摩とは犬猿の仲になりました。長州は〝朝敵〟になり、幕長戦争がはじまります。長州は孤立無援で滅亡の寸前でした。

その薩長が第二次長州征伐がやがてはじまるこの年、密《ひそ》かに同盟を結ぶのですが、桂らからすれば積年の恨みを抱く薩摩と同盟を、という心理にはありませんでした。

桂は、ただただ仲介人の竜馬の言葉だけを信じて危険きわまりない京の都に入ったのです。会談中、西郷は終始自分の意見をいわず、いわば無言でした。桂は失望し、屈辱も覚え、これ以上ここにいることは同藩の者たちへの裏切りになると思い、辞しました。

竜馬がこの同盟について西郷に言ったことは、ただひとことでした。

「長州が可哀《かわい》そうではないか」

西郷ははげしく動かされ、桂をよびにやって、一挙に同盟についての会談に入りました。

むろん薩長連合論というのは竜馬の独創ではありません。当時にあって倒幕をなすにはそれしか手がないとはすでに天下周知の論でした。ただし机上の空論でした。物事が成るというのは、それを提示した者の魅力ということが大きいと思います。竜馬における魅力とはなにかということを考えるのが、この作品の主題でした。

魅力のなかに、提示者の重みということもあります。当時、浪人などは、木の端《こは》のようにあつかわれる存在でした。竜馬のおかしみは、いかにも秩序の崩壊期らしく、自分で〝会社〟をつくり、それがいざという場合には私設海軍にもなったことでした。いわば私設の藩のようなものの代表であるということが、かれの発言を重くしていました。

くりかえし言ってきたことですが、『竜馬がゆく』を書きおわって、私が鮮やかなもう一つの風景を見るようにして感じたことは、明治維新はかれにとっては片手間の仕事だったのだということでした。

のち、ふたたび京都の情勢が方途をうしなって混迷したとき、にわかに海路上京し、「船中八策」をかかげて倒幕後の政体を明示しつつ徳川慶喜《よしのぶ》に大政奉還させて一挙に統一国家を実現させてしまいました。

そのあと、西郷が新政府の役人の人選をしていたとき、竜馬にも相談しました。竜馬は、自分は役人にはならない、と言い、さすがの西郷を鼻白《はなじろ》ませたといいます。西郷が、では何をするんです、ときくと、「まあ、世界の海援隊でもやりましょうわい」と言い、このとき陪席していた陸奥《むつ》宗光《むねみつ》に、さすがの西郷も一枚か二枚、小さくみえた、とのちに述懐させます。

陸奥は紀州藩の浪士で当時海援隊で竜馬の秘書のような仕事をしていました。よく知られるように明治の外務大臣として日本外交史上の大きな存在です。そういう陸奥が竜馬の人と思想に傾倒していたのですから、竜馬の輪郭の大きさが想像できます。

前掲の会計掛の岩崎弥太郎が明治の資本主義を興《おこ》した巨人であることを思うと、竜馬の輪郭がどんなものであったかがよくわかります。もっとも竜馬その人は岩崎を必要以上に軽んじていた様子があり、岩崎自身は、陸奥のように、竜馬をなつかしく思いだすことはありませんでした。岩崎が竜馬から得たものは、陸奥以上のものがあったでしょう。〝世界の海援隊〟ともいうべき海運と造船の三菱を興したのですから。

竜馬の子供時分は茫洋《ぼうよう》としていて十二の歳《とし》まで寝小便をずる癖がなおらず「坂本の寝小便《よばあ》ったれ」と近在の子供たちに馬鹿《ばか》にされていたといいます。文字のおぼえも遅く、最初にかよった塾では師匠の楠山庄助《くすやましょうすけ》という人に見放されています。それが十四の歳に剣術道場にかようようになって変わってきます。剣術には天賦《てんぷ》の才が備わっていたようで、ために坂本家はこの次男坊の将来を思って江戸の千葉道場にかれを修行に出すのです。ペリーの黒船来航がなければ多分竜馬は町道場主で終わっていたことでしょう。

竜馬が若いころ、平井収二郎という郷士《ごうし》の妹の加尾《かお》に恋文を書いたことは、はっきりしています。男装して京にのぼって、ともに天下のことに奔走しよう、というふしぎな恋文でした。加尾は思いあまって、兄の収二郎に相談します。収二郎は竜馬に好意はもっていましたが、

「竜馬は学問がないきに」

と、いわばマイナスの評価をします。私はこの収二郎が気に入っています。当時の用語の〝学問〟とは、朱子学のことです。道学といわれるほどにイデオロギッシュなものでした。発想や行動に、朱子学的な型がない、というのが談話の意味です。竜馬

を竜馬たらしめたことの一つだと思います。

ただものごとの本質を摑《つか》む能力には秀《ひい》でていました。土佐時代、かれは河田小竜《かわだしょうりょう》という蘭学の先生についたのですが、語学を学ぶよりも、オランダの市民的権利や政体について頓悟《とんご》するところがあったようでした。小竜先生のテキストは「オランダ国憲法」でしたが、ある日、憲法の師の解釈の誤りをただしたといいます。先生は誤訳を指摘されて腹が立ったのですが、もう一度原文にあたると、なるほど竜馬の言う通りだった、といいます。

竜馬は本質からみておかしいと思ったのでしょう。

竜馬の自由さは、天成のところがあったのでしょう。このために、自分なりの規範を、自分でつくっていたところがありました。

――ひとに会うとき、もし臆《おく》するならば、その相手が夫人とふざけるさまは如何《いか》ならんと思え。たいていの相手は論ずるに足らぬように見えるものなり。

――義理などは夢にも思うことなかれ。身をしばられるものなり。

――恥ということを打ち捨てて世のことは成るべし。

といったかれらしい語録を残していますが、手製だから品がいいとはいえません。

竜馬は中岡慎太郎と共に暗殺されます。まだ三十二歳でした。あれだけの剣客《けんかく》でありながら刀も抜けず頭を割られて中岡とふたり旅館の二階で絶命を待つあいだ、かれは中岡に「それにしても（刺客も）えらい奴《やつ》だなあ。勇気がある奴らだ」と言ったという説があります。江戸時代の人々というのはそういう透明な死生観をたれもが持っていたのでしょう。

ともかくも、三十二年の生涯ながら、竜馬の生涯にはあざやかな春夏秋冬がありました。日本史上、竜馬ほど素晴らしい青春を送った人はいないのではないでしょうか。

生涯がみじかくても、春夏秋冬がある、悔やむに足りない、と死の前にいったのは、長州の吉田寅次《とらじ》郎《ろう》（松陰）という若者でした。かれのことは『世に棲《す》む日日』で書きました。

大志を抱いたがために、現実とは調和できず、ことごとくが失敗の連続でした。失敗するために懸命の努力をしている、というおかしみさえある人でした。

底抜けに明るい人でした。

ペリー艦隊に乗りこみ海外渡航を図るという国家の大禁を犯したかれは、郷里萩《はぎ》郊外の松本村に蟄居《ちっきょ》させられ、そこで家業というべき松下村塾《しょうかそんじゅく》の先生になります。政治的な学校ではなくて、ふつうの塾です。小商いをしている町家の子もきていましたし、のちの伊藤博文なども、ふつうの寺子屋へゆくつもりでかよったという意味のことをいっています。わずか三年足らずのことです。安政の大獄で幕府によって刑殺されるのは二十九歳ですから竜馬よりも短命でした。

しかしそんなかれの膝下《ひざもと》から維新の功労者が輩出したのです。高杉晋作《しんさく》、久坂玄瑞《くさかげんずい》、前原一誠《いっせい》、伊藤博文、山県有朋《やまがたありとも》、品川弥二郎と数え上げていけば、そのまま長州革命派の名簿ができそうです。

革命は三種類の人間によってなされるようですね。初動期は詩人的予言者か思想家があらわれます。これは松陰でしょう。多くは、非業《ひごう》の死を遂げます。中期に卓抜な行動家が出て奇策縦横の行動をします、高杉晋作や久坂玄瑞でしょう。かれらも多くの場合、死にます。最後には処理家が出て、大いに栄達します。伊藤博文や山県有朋がそうでしょう。松下村塾には、この三段階がそろっていたというのが、奇蹟《きせき》的なほどの興趣ですね。

子供というのは、お兄ちゃんぐらいの年齢の先生が好きです。松陰は、藩のオトナたちが大切にしている大秀才でした。だから子供たちにとって、松陰の一顰一笑《いっぴんいっしょう》までまねたくなる。品川弥二郎という少年は、村塾の壁をぬっていて、壁土を下の松陰にあやまって落とした。「師の顔に泥をぬるとは、弥二郎のことだ」と松陰が笑ってくれたことさえ、生涯の記憶になりました。

ここで竜馬と、明治の民権思想家でルソーの『社会契約論』の祖述者であった中江兆民《ちょうみん》のことを挿入します。二人は師弟ではなく、ただ一度会っただけでした。竜馬が一時期、高知に帰ったとき、若者たちが詰めかけます。そのはしに、足軽《あしがる》の子だった少年の中江篤介《とくすけ》がいました。竜馬は、手もとにタバコがきれました。そこで竜馬が顔をあげ、やや遠くの篤介少年を見て、〝中江ノオニイサン、タバコヲ買ウテキテオセ〟と半敬語でいったことが、兆民の生涯の思い出になりました。のちの兆民の思想は、竜馬の中のなにかを継いだものだと私はおもっています。篤介少年にとって竜馬は十余歳のちがいですから、限度いっぱいながら、お兄ちゃんといえるのではないでしょうか。

吉田松陰のことです。

松陰は、魚屋の子にも、萩城下からきている高杉晋作のような歴《れっき》とした藩士に対しても、おなじ態度で接しました。たれに対してもおそろしいばかりに優しいのです。松陰自身が、自分は人を信じすぎると、ちょっと自嘲《じちょう》しているくらいでした。

それに、師匠面《づら》をしない先生でした。当時の長州では上士《じょうし》の子弟は藩校明倫館《めいりんかん》にかようのが決まりでしたから、むしろ松下村塾には軽輩の子供や、町人の子供などが集まりました。上士の子供といえば高杉か、藩医の子の久坂くらいのものでしょう。伊藤、山県、品川など維新の元勲となる者たちは、侍ともいえぬ軽い身分の出でした。

「吾《われ》の塾をひらきて客を待つは、一世の奇士を得てこれと交《まじ》わりを締《むす》び、吾の頑鈍《がんどん》を磨かんとするにあり」

というのがそもそも松陰の松下村塾における気分でした。だから、眼前の洟《はな》たれ小僧も、一世の奇士になるかもしれない。

「久坂玄瑞は防長少年第一流の人物にして、もとより天下の英才なり」

などと無名の年少者を、古典のなかの人物のように評価するのです。玄瑞たる者、興起《こうき》せざるをえなかったことでしょう。

門生の長所をじつに的確にひきだしてきて、それを天下一とか防長一といってとほうもなく拡大して感奮させるところがありました。萩の東郊の小さな私塾から、第一級の人々が出たのは、当然なような気がします。たれもが、長州藩はじまって以来の大秀才のお兄ちゃんからほめられちゃったんです。

面白い余話があります。

伊藤博文は軽輩の出で、一年あまり松下村塾にかよったことがあります。ところがかれは松陰が好きでなかったらしい。というよりも松陰の方が伊藤をそれほどには評価していませんでした。褒め上手の松陰ですが、伊藤については熊本の宮部鼎蔵《ていぞう》のもとへかれを使いにやった折りの手紙でも「才おとり、学おさなきも、周旋《しゅうせん》の才あり」と妙な推薦をしています。周旋というのは当時政治という意味でした。これに伊藤は不快だったのでしょう。だから後年元勲となってのち新渡戸《にとべ》稲造《いなぞう》に質問されたときも「自分は松陰の弟子などではない」と突き放したもの言いをしています。なんだか教育はむずかしいですね。

これと対照的なのが山県です。かれと松下村塾との関係はかぎりなく薄い。しかし長州閥とは松下村塾党でしたから、かれは何とか自分と松陰との縁を強調したかった。揮毫《きごう》を頼まれたりすると、山県は松陰の言葉を書いて「門弟有朋」と記名したりしました。明治の世を担《にな》った伊藤、山県の二人がこのようであったことは興味深いことです。

結局、松陰のことを最もつよく愛した門弟たちはみな明治の世に参画する前に非業にたおれてしまいました。松陰の生涯は竜馬よりみじかくてわずか二十九年でしたが、竜馬同様、春夏秋冬そのすべてが濃密に凝縮されていました。

高杉晋作についてはその天才ぶりが、師の松陰の予測すら超えたものであったでしょうね。恵まれた育ち方をした人で、藩の重職につく人だったでしょう。松陰が煽動《せんどう》したのではなく、高杉自身が、求めてやってきました。その祖父が「どうか大それたことをしませんように」とねがっていたそうですから、天成、風雲に臨《のぞ》むところが気質としてあったのでしょう。

高杉の存在のゆゆしさは、藩の許可を得て、正規の家中《かちゅう》のほかに、非正規軍の奇兵隊という市民軍を組織したことです。これだけで、江戸封建制は根底からくずれたといえます。しかものちに藩論が紛糾して、萩の正規武士団と奇兵隊が絵堂《えどう》という所で決戦して、勝つのです。市民軍が武士に勝ってしまったというのが、武士の世の終わりを、まず長州が示したということになりましょう。

武士の世の終わりを早くから予言していたのは、『峠』という小説で書いた越後長岡藩総督の河井継之助《つぎのすけ》もおなじでした。かれと高杉が異なったのは、高杉は毛利の殿様には死ぬまで愛情を持ちつづけながら、しかしその反面で長州藩といった藩などもはや用済みに過ぎず、むしろ長州という藩を滅ぼしてでも天下を揺さぶり幕府を倒さねばならぬと考えていたことです。その点でもかれの時代感覚は図抜けたものでした。

高杉も松陰よりさらに若い二十七歳と八ヵ月でこの世を去りますがその若すぎる晩

年、自分のこの世での存在を示す肩書として奇兵隊開闢《かいびゃく》総督という称号、というより私称を使います。世間的には何の権威もない称号です。しかしこの一語で、自分の生涯を言いあらわしたのです。自分の生涯の役割を―さらには後世への自分の存在の意味を――よく知っていたのでしょう。

武士の世の終わりを早くから察知していた人物がもうひとりいました。村田蔵六《ぞうろく》、のちの大村益次郎《ますじろう》がその人です。この人のことは『花神《かしん》』で語りましたが、かれも長州周防《すおう》の一介の村医者、身分は百姓でした。恐妻家で、妻がヒステリーを起こすと縁側から飛び出し麦畑にひそんでおさまるのを待ったという風変わりな、一種老荘的気分をもった人柄でした。この無愛想で合理主義のかたまりのような医者が、維新最高の軍略家であり明治陸軍の事実上の創設者になるのですから、ふしぎなものですね。

名将というのは、一民族の千年の歴史のなかで二、三人いれば多いといっていいほどの才能なんです。画家や作家や音楽家は、つねに存在しますけれど。

それがわかっていたのは木戸孝允でした。いざ倒幕ということになっても、司令官の人材がいないんです。薩摩《さつま》の西郷は、自藩のなかで伊地知《いぢち》正治という人をひそかに起用するつもりでしたが、やがて西郷は、自分の鑑定ちがいだったことに気づき、長州が出した大将を黙認します。

木戸が蔵六を最初に見たのは、江戸の小塚原《こつかっぱら》で、蔵六が刑死人の解剖をしていたときだそうで、その腑分《ふわ》けのたしかさと、慎重さ、しかも動作に確信の裏付けがあって、むろん多弁ではない人柄に奇妙さを感じたのだそうです。きくと、おなじ長州人だという。蔵六のなにかに木戸のかんが働いたのでしょう。

蔵六は木戸の推挙で、第二次幕長戦のとき、山陰への部隊をひきい、石見《いわみ》の浜田城をあっけなくおとしました。実戦の部隊長としての蔵六は、情報をできるだけあつめ、みずからも木にのぼって敵情を見、勝つと思えば兵力を集中して迅速に攻撃するというやり方でした。やがて戊辰《ぼしん》戦争、そして上野の彰義隊の乱と、ことごとく作戦の指揮をとり、一度も誤りがありませんでした。自身、馬にものれず、むろん撃剣などやったことがありません。木戸は変な人をよく見つけたものだと思います。

ついでながら木戸の政治家としてのえらさは、政治が軍を統御し、軍を政治化させないという堅固なルールを藩内政治の段階でももっていたことでした。かれは奇兵隊の政治団体化をおそれていましたし、のち明治政府に出てからも、この一点にかわりがありませんでした。明治政府になってから、西郷が軍を代表し、しかも圧倒的な人望があったことに、つよく警戒していました。

蔵六に話をもどします。この人ほど合理的な思考者は世にめずらしいというべきですね。文学的修辞でもって自他を昂奮させるということもない。山陰の浜田方面に行ったときも短袴《たんこ》というサルマタの大きめのものをはき、軍の先登《せんとう》に立って威厳を示すわけではなく、部隊の中途かうしろのほうをのこのこ歩いてゆきました。ともかく蔵六のような人間に軍を任せるというのは長州のよきところでした。会津のような身分秩序そのもののような藩ではあり得ないことです。やはり近代を呼び込む藩はそれだけの歴史と体質を備えています。

江戸攻めのとき蔵六は実質的な連合軍総司令官でした。江戸城から指揮しました。蔵六の苦心は、江戸の街を火にせず、彰義隊だけを集結させてたたくことでした。これを巧みにやり、市中に分散していた彰義隊を上野寛永寺に集結させました。

あとは、陣地攻撃です。

黒門口《くろもんぐち》がいわば大手門で、ここをうけもつ藩は大損害を出すでしょう。蔵六は、

「薩摩にやってもらいます」

といいます。蔵六は、薩軍が強いことを知っています。しかし〝貴藩の兵は強いから〟というようなお世辞をいいません。

同席した西郷が、このいわば貧乏くじに、「薩摩の人間をみなお殺しになるつもりか」と、色をなします。

蔵六は、

「そうです」

といったのです。

この席に薩摩の海江田信義《かいえだのぶよし》がいて、蔵六に腹をたて、後年、蔵六を暗殺した者たちの黒幕になります。

蔵六は、農民の出であることもあって、諸藩の武士などを重んじてはいませんでした。かれが四民《しみん》による志願制の国軍を建設しようとしたのは当たり前のことでした。それに蔵六は薩摩藩がもつ異常な自負心を、新国家にとって無用のものにおもっていました。かれが西郷にいった、

「そうです」

は、あながち無愛想者のそっけなさではなく、事実、その肚《はら》の中で、やがて新国家に反逆するものは薩摩だと思っていました。このため、死の前に「やがていずれ西南の方から足利尊氏《あしかがたかうじ》のような者が興《おこ》る。大阪に工場を設け、四斤《しきん》山砲を製造しておくように」といったことまで、この「そうです」は響くことばだったのかもしれません。

高田屋嘉兵衛《かへえ》も、江戸期が生んだおもしろい日本人ですね。私は、『菜の花の沖』で書きました。

当時六甲山麓《さんろく》から摂津《せっつ》平野、それに嘉兵衛がうまれた淡路島は、季節になると、菜の花畑で真黄色でした。六甲山麓にはそのころたくさんの搾油《さくゆ》用の水車がまわっていて、圧倒的にマニュファクチュアの時代でした。その油が、酒や醤油《しょうゆ》などとともに西宮《にしのみや》港などから四方に積み出されていました。その時代的光景を〝菜の花〟ということばに託したつもりです。

嘉兵衛が航海者、海運業者としてその最盛期にあつかったのは、北海道や千島《ちしま》のニシンでした。ニシンは和語ではカド――つまりカズノコ――といいます。ニシンはアイヌ語です。アイヌ語でいうとき、ニシンが第一級の木綿栽培用の金肥《きんぴ》という商品名になるのです。〝ライス一丁〟と大衆食堂でいうようなものですね。家では〝ごはん、もう一膳《ぜん》〟というのですが。

江戸中期から、日本は商工業と海運の国という様相を帯びていました。鎖国の制限下においてですが。冒頭に述べましたが、五百石船や千石船が、機織《はたおり》の杼《ひ》のように日本海沿岸を行きかっていました。日和山《ひよりやま》から日和を見て、船が出る。途中で天候があぶなくなって港に出戻りをする。これが、世間語になるほどの世でした。風が船尾《とも》から真《ま》トモに吹く、マトモな話をしよう、といまも世間語に残っています。それほど、海がにぎわった時代です。

千石船といっても、甲板《かんぱん》も艙口《ハッチ》もなかったんですよ。幕府の規制によるものでした。船を樽《たる》にしてしまえば安全だと考えたのはヨーロッパ人だと思いますが、そのことはポルトガルの海事博物館に行って調べても、たれがいつということはわかりませんでした。甲板を樽のように張ります。樽の口に詰める栓《せん》がハッチです。

こういう船ができて、十五世紀のポルトガルのエンリケ航海王子のような人が出て、航海家たちを世界に送り出しました。

江戸時代の大船は、お椀《わん》でした。高浪《たかなみ》が上からふりかかると、お椀は沈みます。お椀の中に、積荷を山積みするのです。

大変危険な船でした。水面下のカジがよくやられました。なにしろあれだけの大船で、帆は一枚であることが、幕府の規制だったのです。帆は一枚ですから面積をひろげざるをえません。間切《まぎ》り航法をするとき、帆にかかる圧力が、そのまま水面下のカジにかかって、カジがこわれて漂流するのです。

嘉兵衛というのは、江戸時代後期の人が一般に小さかったように、がっちりとした短軀《たんく》にふとい頸《くび》がついている、といった体形でした。嘉兵衛は十二歳のときに、「十二にもなって、親のすねをかじっていられない」

といって、隣村の小商いの家に奉公したそうです。いまの小児科医なら、きっとそのときに成長ホルモンがとまったのかもしれない、というかもしれません。少年にして自らを一人前と規定したのですから、ホルモンの分泌のほうも、じゃそれでいいのか、と思ってストップさせたのかもしれません。

嘉兵衛は、北方の海上で、ロシア海軍のリコルド少佐の艦につかまります。そのころ、日露間に紛争があって、日本側はゴローニン少佐を抑留していました。ロシア側――というよりリコルド少佐――は、ゴローニンの解放を日本に求めるため、交渉技術上、多少身分ありげな日本人をつかまえる必要があったのです。嘉兵衛は、そういうことで事件にまきこまれました。

当時の北洋は――いまも多少そうですが――ロシアとのあいだに大小の騒動が絶えませんでした。ロシア艦にのせられた嘉兵衛は自分の運命の一切を客観化し、自分に対して、この両国の勢力の錯綜《さくそう》する海で、平和のルールが確立することを義務づけます。嘉兵衛は独立した企業家にすぎず、江戸身分制では町人にすぎませんでした。町人に国家に対する責任はないということは、当時の気分でした。日本にはいまだ法的国家《ステイト》による国民が成立していなかった時代です。嘉兵衛は、みずからに国家を代表する責任を与えました。嘉兵衛はひとすじに誠実でした。そのあまり、喜劇的でさえありました。リコルド少佐を相手役にし、二人のあいだで、交渉のための言語を成立させたのです。

嘉兵衛はリコルドだけでなく、水兵たちにまで敬愛されるようになります。

つい、小説の筋を追いそうになりました。

ただ嘉兵衛の側に、漢学を中心とする江戸期の教養はなかったにひとしいのです。嘉兵衛は十二で奉公した人ですから、江戸期の民間の通念や哲学といったものが、充満していました。リコルドとのあいだの共通語を、一、二の例でいいますと、

「テン」

と、嘉兵衛が上を示したときは、人間にとってどうにもならぬ運命もしくは天の意志ということです。

「クスリ」

といったときは、ききめがある、ということです。〝なるほどその方法はいいクスリだ〟とリコルドが理解します。嘉兵衛はリコルドたちにつねに毅然《きぜん》としていて、つねにやさしく、その上、ユーモアをもっていました。

事は、解決しました。後年、リコルドと、日本から解放されたゴローニンは、『日本幽囚記』という本を書きます。

私は、神田駿河台《するがだい》のあたりを歩いて、ロシア正教のニコライ堂を見るとき、いつも嘉兵衛のことを思いだします。

この特異なドームをもった建物をたてたニコライさんは、白髯《はくぜん》の大主教の写真でわれわれになじみですが、かれにも当然ながら青年期があって、田舎の補助司祭の家にうまれ、官費神学校から神学大学を経《へ》ました。その間、学校の図書館でゴローニンの『日本幽囚記』を読み、嘉兵衛の人柄にうたれ、この人に会いたいと思い、日本を志します。たまたま江戸日本とロシアに国交ができたばかりで、函館にロシア領事館がありました。『日本幽囚記』には、どこで描かれたのか、油彩による嘉兵衛の顔が写真版になっていて、ニコライはそれを示しながら、函館のあちこちを歩き、

「この人を知らないか」

といってさがします。やがてその人物はとっくのむかしに死んでいて、いわば歴史上の人物であることを知り、がっかりするのです。

以上、どうも漫然としたお喋《しゃべ》りでした。

日本が将来どうなるのか、よくわかりませんが、たれもがそれぞれに感じていることの国の将来像の構築に、多少の参考になるかもしれません。

（「文藝春秋」一九九五年十月号）

解説　大阪的作家の「計量」と「俯瞰」の文学

関川夏央

司馬遼太郎『竜馬がゆく』は、彼が専業作家となるまで記者として在籍していた産経新聞に一九六二年六月から連載され、六六年五月に終った。単行本にして五冊、のちに刊行された文庫版では八冊分におよんだ。

それは従来の坂本龍馬像を変えたばかりか、時代小説そのものをも変換したといえる作品であった。維新の志士であったはずの龍馬は、そこでは国際貿易をめざす結社の明るい頭領であった。坂本龍馬は、全国二百六十余藩のゆるやかな連合体であるような政体を廃して統一国家とすることが、世界相手の貿易業を自在たらしめる必要条件と考えた。倒幕はその十分条件で、龍馬は革命家というより、革命のお膳立てをする「周旋家」または司馬遼太郎の言葉を借りれば「奔走家」であった。

三十二歳で死んだ坂本龍馬の人生を、「青春小説」のよそおいで記述した『竜馬がゆく』は、それまで時代小説の主人公にありがちな虚無的性格、あるいはその対極の

「人間の完成」をめざす「修養主義」とは縁が切れていた。そうして、作家の生理から発した「余談」と「脱線」に傾きがちな軽快な話体は、連日連載という新聞小説に適していたのみならず、背景に浩瀚《こうかん》な知識の集積がうかがえる「余談」や「脱線」こそ歴史の本質に触れていると読者は感得したのである。それはまさに大衆小説の、また日本近代文学の「革命」であった。

先に「坂本龍馬像を変えた」と書いたが、司馬遼太郎『竜馬がゆく』まで、むしろその人物像は不鮮明だった。

脱藩土佐郷士の坂本は、仇敵同士として相容れなかったはずの薩摩藩と長州藩を斡旋し、倒幕を前提とした軍事同盟を結ばしめた。西郷隆盛と木戸孝允（桂小五郎）、敵対する両者に信を置かれた人物は、海援隊以外に所属を持たない坂本だけだったのである。また維新直前には新国家の政治方針をしめしたメモ「船中八策」を草し、由利公正（三岡八郎）、福岡孝悌、木戸孝允が字句の修正と並べ替えを行って「五箇条の御誓文」となった。坂本の死後、その海運事業を受け継ぎ、新政府との強力なコネを生かして後年三菱財閥をなしたのは岩崎弥太郎であった。

これらのことは維新革命後まで関係者に知られていた。しかし、革命前年に死んだ坂本の記憶は、土佐藩出身者が新政権主力とはなり得なかったこともあり、やがて薄れた。

彼が再び、というより、ほとんど初めて広く日本人の念頭にのぼったのは日露戦争終末期であった。一九〇五（明治三十八）年五月、バルト海からはるばる地球を三分の二周して回航される、五十隻におよぶロシア・バルチック艦隊と連合艦隊との海戦が間近と予想されたが、この海戦に連合艦隊が敗北すれば日本は亡国となる。維新革命の成果は一挙に失われる。かりに敗北しなくとも敵艦隊主力の一部でもウラジオストク軍港に入ってしまえば、日本の兵站線は海上で破壊され、満洲平原に展開する陸軍は立ち枯れる。

そういう危機意識は日本人全員に共有されており、明治天皇妃美子《はるこ》、のちの昭憲皇太后も例外ではなかった。そんな時期、皇后は就寝中の夢に「白衣の人」を見た。その白衣の人は皇后に、海軍のことをよく承知している自分が海戦は勝ちに終ると予言する、どうかご心配なさらぬように、といい置いて去った。皇后は数日後にも同じ夢を見た。

一度ならず二度までも、と不思議の思いに駆られた皇后は、宮中御用をつとめていた田中光顕に夢のことを話した。すると田中は、それは坂本龍馬というものでしょう、と答えた。皇后の話と平仄《ひょうそく》が合うからだけではなく、維新後の政府では薩摩と長州におくれをとって田中自身のように閑職に追いやられたり、板垣退助のように野に下る者が少なくなかった土佐藩出身者の存在感を増すための好機、そう田中がとらえたためでもあった。

この挿話は、一九〇五年五月二十七日と二十八日の日本海海戦に連合艦隊が奇跡のような完勝をおさめたのち、広く知られるところとなった。しかしやはり時の流れとともに坂本の印象は薄れ、大正から昭和戦後にかけて多く生産された「幕末もの」の小説でも映画でも、敵役は新選組であり、ヒーローは桂小五郎であった。坂本龍馬の名前は司馬遼太郎による再々度の発掘『竜馬がゆく』によって不滅となったのである。のみならず以後は、司馬遼太郎の造形を離れて坂本龍馬が日本人にイメージされることは二度となかった。

司馬遼太郎の坂本龍馬は、明るい人柄の青年であった。自意識に悩み、自意識をもてあます「日本近代文学」の主人公たちとは程遠い存在であった。自分を軽く考え、それでいて、いやそれだからこそ、自在な行動力を発揮し得たとされたのである。

坂本が斡旋した薩長巨頭会談では、西郷隆盛と木戸孝允、どちらも本題に入ろうとはしなかった。面子の問題というより、先に提案し、懇願した方が風下に立つことになるという「外交」の戦いである。場は膠着した。木戸はあきらめて引き上げようとする。木戸を引き留めた坂本はひとりで西郷に会い、「長州はかわいそうじゃないか」とだけいった。理屈の説得ではなかった。司馬遼太郎は、この一言で西郷は頓悟して木戸との再度の会談に臨み、歴史は大きく動いたのだとする。

司馬遼太郎はいう。

〈どうものごとをつくるのは、結局は、つくる人の魅力なんだということになるのではないかと思って、ものをつくっていく場合の魅力とは何だろうということを考えたのが、『竜馬がゆく』という小説のたった一つのテーマでした。別に龍馬の伝記を書こうと思ったわけでもなく、「長州がかわいそうじゃないか」という言葉の背景に、龍馬の人柄と半生を書こうと思っただけのことでした〉(「坂本龍馬と怒濤の時代」)

軽い筆致で書かれてはいるが、これは大正期以来の日本近代文学が大切にしてきた「内面」と「内面」表現への距離感をしめした言葉、あるいは嫌悪の言葉であろう。

司馬遼太郎はつづける。

〈ところが、もっと考えてみますと、龍馬は藩に相当する海援隊を持っていた。この海援隊は五、六万石の力があるだろう、といわれていたぐらいです。実際はそんなに力はないので、多分に龍馬のホラが入っています。しかし、何といっても西洋式の機帆船を持ち、しかも浪人結社を長崎に持っているのですから、力といえば力なのですが、小藩ぐらいの軍事力はあるだろうと思われていた。

そういうものを背景にしてしか、発言というものは力を発揮しないものだ、そうでなければ評論になるということを、龍馬は知っていたようです〉

交渉力・外交力の背景には武備と資金が必要というリアリズムを、司馬遼太郎は元来持っていた。

さらに、その坂本の資本が、薩摩、長州、越前、それに下関の豪商から集めた株式会社方式で形成されたこと、また新政権成立後にはどんな役をもとめるかと西郷に問われたとき、役人になりたいために革命をするのではない、自由な貿易をするために統一国家が必要というだけなのだから、かなった暁には「世界の海援隊でもやる」と坂本が答えたことも司馬遼太郎の意に沿った。

坂本龍馬は政治家ではなかった。革命家でさえなかった。その合理主義が、商人のリアリズム、大阪的リアリズムでつくられていたという意味では、司馬遼太郎は坂本の同類・同志であった。そのように見切ったとき、『竜馬がゆく』の文学に「あたらしさ」が付加されたのである。司馬遼太郎はまさに大阪の人であり、その作品は大阪の文学であった。

司馬遼太郎(福田定一)は今次大戦末期、大阪外国語学校を繰り上げ卒業して入営した。満洲・四平《しへい》の戦車学校で教育を受けたのち、東満で戦車四両の小隊長となった。機械オンチで方向オンチの自分が小隊長とは陸軍の人材払底ぶりも膏肓に入った、と本人があきれた。終戦は内地決戦に備えた栃木県佐野で迎えた。二十二歳になって八日後のことであった。

終戦後、大阪の実家は空襲で焼けていたので、奈良県の母の実家へ帰り、当時雨後の筍《たけのこ》のように生まれていた小新聞社のひとつに勤めた。しかし最初の新聞はすぐに潰れ、つぎに新西日本新聞社に入って、京都支社の京大記者クラブに配属された。この新聞も一年ほどで倒産、一九四七年五月に産経新聞京都支局に入社した。担当は引き続き京大と宗教関係、つまりお寺さんであった。

この時期、京大構内は革命前夜の様相を呈していた。それほどに共産主義・社会主義は戦後青年の心をとらえていた。だが、ついこのあいだ無残な敗北で終った戦争も戦時社会主義体制のもとで戦われたのだし、「一億火の玉」の精神も「イデオロギー」の産物に過ぎなかったという事実は想起されないようであった。現実に、大学を一歩出れば、街は日常の平和と静けさを保ち、革命の気配などみじんも感じられなかった。

集団を警戒し流行イデオロギーを嫌悪する司馬遼太郎は、大学よりも、京都市内の寺の取材を好んだ。そうしてもともとの仏教への興味を嵩じさせた彼は、「宗論なら誰にも負けない」と自負するまでに知識を積んだ。

真言密教と空海への興味は、この頃すでに彼の内部にきざしていた。鴨川上流の集落のさらに奥、真言宗志明院《しみよういん》を京都御所の人から紹介してもらって訪ねたのは、四九年頃であった。役《えん》の行者《ぎようじや》が七世紀なかばに草創、八二九年に空海が再興したとされる志明院には、京都の夜の明るさに閉口した「物《もの》の怪《け》」たちが、近年は闇をもとめてここまで逃げてきているという話を聞いたからである。

実際「物の怪」は出た。夜になると部屋の障子や襖《ふすま》を叩く音がする。屋根の上で四《し》股《こ》を踏む音がする。しかし外に出てみても何もない。行者が「九字の印」を切ると、竜火なるものが浮かび上がってくる。合理主義を旨とした作家司馬遼太郎は同時に、孔子いうところの「怪・力・乱・神」を、否定しない幅広い精神の持主であった。後年、宮崎駿と対談したとき、志明院での「物の怪」体験を司馬遼太郎は語った。以前から「森の精霊」に深い興味を抱いていた宮崎駿は、そのとき受けた刺激をひとつの契機として、やがて『もののけ姫』という作品をつくった。

司馬遼太郎が大阪本社勤務となったのは五二年夏、文化部に移ったのはその翌年で、このとき松見みどりと同僚になった。司馬遼太郎二十九歳、松見みどり二十三歳である。松見みどりは料理担当記者であったが、「塩一グラム」を「塩一キログラム」と書いたり、ピーマンの皮をむいて種だけ残ったヘタを手に途方に暮れたりする女性であった。向かい合ったデスクの上の乱雑さで、また「凶暴な方向オンチ」ぶりでも部内で一、二を競うふたりが「トモダチ」から「コイビト」になったのは、五三年暮れから五四年にかけての頃であった。

当時の恋人たちはみなそのようだったのだが、ふたりはよく歩いた。歩くことがデートであった。しかし大阪の街区でも、奈良へ出かけても、必ずといっていいほど道に迷った。なじんだはずの京都でさえ、「司馬さん」（結婚後も福田みどりは司馬遼太郎をそう呼んだ）は目的地にたどり着けなかった。そんなとき人に道を尋ねるのは物怖《ものお》じしない性格の松見みどりであった。しかし彼女は近眼のうえに慌てものだから、おなじ人に何度も聞いて、「あんた、三度目でっせ」といわれたりした。その人が連れていたイヌは、懐かしげに彼女に尾を振った。

「あのな、あんた。つまり、僕の嫁はんになる気はないやろな」

司馬遼太郎が松見みどりにプロポーズしたのは、五五年夏の夕方、市電の桜橋停留所でのことだった。電車待ちの人々が、いっせいに視線を向けた。みな、なりゆきを期待する気配である。彼女は何も答えず、横を向いたままでいた。暑気あたりした見知らぬ男の独り言にごまかしたかったのだが、顔があからんだのでうまくいかなかった。

自分は結婚に向かない女だと固く信じ、この人なら間違っても「結婚しよう」などといわないだろうと安心して「コイビト」になったのに、と彼女は思った。とまどった末に友だちに借金して、ひとりで旅行に出かけた。それは司馬遼太郎と生涯をともにする覚悟を決めるために必要なプロセスであった。

結婚は五九年一月。新郎三十五歳、新婦二十九歳。式に参列したのは主賓の今東光夫妻と職場の同僚三人、新婦の女学校時代の友人ひとりだけであった。同僚で、のちに評論家となった俵萠子などは、大阪の小さなホテルにきてくれといわれただけだったので平服で出向き、現場ではじめて「結婚式」だと知った。

新婚の二人は西長堀のマンモスアパート十一階建ての上階１ＤＫに住み、そこからキタの桜橋にある新聞社に通った。司馬遼太郎はそこで、志明院での不思議な体験を生かした時代小説『梟の城』を書き継いだ。

そのマンモスアパートが、旧土佐藩大坂屋敷の跡地に建てられていると知ったのは、住んでしばらくのちであった。かつての土佐藩の経済活動の中心地であり、龍馬の死後、その船と資産を受け継いだ岩崎弥太郎の「三菱」が育った地であった。敷地内の神社を守るのが三菱の退職社員だと知ったとき、坂本龍馬の生涯が現代につながる物語として司馬遼太郎のなかに像を結びはじめた。七一年開始『街道をゆく』は司馬遼太郎の代表作のひとつだが、日本文化の特性を地形と封建期の豊饒さに見る方法の、それは端緒でもあった。

仏教系の新聞に連載された『梟の城』は六〇年一月、直木賞を受けた。新聞記者の仕事が好きであった司馬遼太郎だから大いにためらったものの、多忙に耐え得ず六一年五月、新聞社を辞めた。十五年間の実り多いジャーナリスト生活であった。

六二年、『竜馬がゆく』の連載開始に先立って産経新聞社長の水野成夫は、「吉川英治並みの稿料を出す」と豪語した。司馬遼太郎はその破格の稿料を、ほとんどすべて資料・史料の収集のために費消した。そのやりかたもまた、のちの『坂の上の雲』に引き継がれ、司馬遼太郎が長編に着手する前には東京・神保町の古書店から関係書籍がすべて買い取られて消える、という都市伝説が生まれた。

六四年三月、司馬夫妻が東大阪市下小阪の家に移ったのは、無限に増殖するかのような資料の置き場に困《こう》じ果ててのことであった。後年まで懐かしんだ西長堀マンモスアパートの生活が終ったこのとき、福田みどりも退職した。それは、考えることと書くことが生活のすべてであるような作家、散歩であれ取材の旅であれ含蓄ある雑談の相手であれ、すべての面で妻の助力を必要とする作家と伴走するためのやむを得ない選択であった。こうして私たちはひとりの偉大な作家を得たが、ひとりのユニークな女性記者を失ったのである。

関係者が口を揃えた東京住まいへの誘いに、ついに乗らなかった。司馬遼太郎は大阪が好きであった。遠回しな、かつ恥ずかしげな結婚の申し込みをして福田みどりに受け入れられたとき、「もし、大阪中の人がきみを攻めてきても僕はきみをまもってあげるからね」といい、また「大阪一の新聞記者になりたい」ともしばしば口にしていた。彼は、大阪の土地に根づいた商人的リアリズムこそ自分の文学の神髄であると承知していた。のみならず東京に出て「文壇」の渦に巻かれることを嫌った。文学は司馬遼太郎にとって「芸術」でも「革命」でもなかった。むしろ実業であった坂本龍馬にとっての貿易業のようなものであった。

だが、彼の代表作のひとつ『竜馬がゆく』の単行本は最初から売れたわけではなかった。第一に、産経新聞出版局から出されなかったのである。売れないと思われた気の毒に思った担当者が企画を文藝春秋に持ち込んだ。文春でも当初出版をためらったのは、この本はせいぜい三万部と見とおしたからである。司馬遼太郎の本が三万部と踏まれたこと、誰の本であれ大衆文学は少なくとも五万部売れないと版元がいい顔をしなかったこと、いずれもいまでは理解されにくいだろう。

『竜馬がゆく』第一巻「立志篇」(一九六三)の初版は一万五千部であった。増刷をしても、六六年までに三万部で停滞した。だが六七年、突然売れ始めた。六七年に十六万部、六八年に十四万部をそれぞれ刷り増したのはNHKの大河ドラマ化が直接の契機だが、それ以上に小説の持つ「明るい清新さ」と、その背後のぶ厚い「歴史観」が読者の信頼を得るまでに四年を要したということだろう。

忘れてはならないのは、司馬遼太郎の作品中の人物への視線の注ぎ方である。彼は、歴史にわずかに登場して消えていった人、いわば「舞台を上手から下手まで横切っただけの人物」を無視できない作家であった。このことも、読者が作家を信頼する理由となったはずだ。

『竜馬がゆく』を愛読した出久根達郎は、その何度目かを読み終ったあと、「この小説には人物が何人登場するのか数えてみようとヘンなことを考えた」（出久根達郎「竜馬と遼太郎」）。

数えた結果の答は、前後五人の誤差はあるものの「一一四九人」であった。「一瞬でも竜馬と行きあった人たちは、一般的にはいわば無名の人でも、この人はこんなことをした人です、とちゃんと書いてある。物語に影を落としている。べつに歴史小説にかぎらず、どんな小説でもふつうはこんなフォローの仕方はしません。すごいことだと思いませんか」

「すごいことだ」と思った私（関川）は、美濃出身の医者で、たまたま井上馨が深手を負ったときに居合わせて外科手術をほどこした所郁太郎や、京都会津藩邸に在任しても戊辰戦争でも何かをなしとげたというのではないのに、熊本五高教授時代のそのたたずまいを小泉八雲に「神のような人」と慕われた秋月悌次郎について司馬遼太郎がしるした文章を、あえて本書中に収録した。

のち、緒方洪庵の大阪適塾入門者名簿に所郁太郎の署名を見出したときの司馬遼太郎の興奮は、別用で高知県庁に赴いた折、たまたま米国在住の婦人から委託された龍馬の北辰一刀流「免許皆伝書」に接したときのそれと等量であっただろう。彼の歴史小説の構造は、細部の緻密な集積によって支えられているのである。

単行本『竜馬がゆく』第一巻は合計七十三万部売れた。最終巻「回天篇」までの全五巻では三百七十万部であった。七五年、八分冊に改編して刊行した文庫版は第一巻だけで二百二十万部出た。それに九八年から刊行した文庫新装版を合わせ、二〇一五年二月までの『竜馬がゆく』総部数は二千四百四十三万部に達した。

司馬遼太郎の、小説以外の歴史に関する書きものと発言が増えるのは、六〇年代終り頃からである。七〇年代以降の日本人は、炉辺に座す知恵ある長老の話を聞くように司馬遼太郎に接したが、その信頼感は、雄大な物語をリアリズムで貫きながら脇役・端役を含む細部への目配りを忘れることがなかった態度、また日本近代文学を愛しながら文壇から距離を置いて「私」を空しくして生涯大阪に住みつづけた作家としてのありかたによるところが多いと私は考える。

一、本書は司馬遼太郎が残した幕末を主題とした、小説以外の文章、講演、対談の中から十九編を選び収録した、ちくま文庫のオリジナル編集である。
二、底本には『司馬遼太郎が考えたこと』（全十五巻、新潮文庫）を使用し、あわせて次頁一覧の文庫版や『司馬遼太郎 歴史のなかの邂逅』（全八巻、中公文庫）を適宜参照した。ただし、「勝海舟とカッテンディーケ」は『「明治」という国家（下）』（NHKブックス）、「トシさんが歩いている」「「日本史と日本人」より」は『手掘り日本史』（文春文庫）、「ペリー・ショック」は『アメリカ素描』（新潮文庫）、「天領と藩領」は『この国のかたち 二』（文春文庫）をそれぞれ底本とした。
三、「トシさんが歩いている」「「日本史と日本人」より」は江藤文夫の聞き書きに司馬遼太郎が手を加えたものである。
四、収録した作品の中には、今日の人権意識に照らして差別的な語句や表現を含むものもある。しかし時代背景、作者が差別的意図を持って書いたものではないことなどを考え、底本のままとした。
五、各作品の初出は作品末に括弧で示した。
六、本書収録作品の初録初刊本は次頁を参照。ペーパーバックは▼で示した。

〈収録作品一覧〉

あとがき（『竜馬がゆく 立志篇』）――単行本は本文末に記載▼文春文庫『竜馬がゆく 八』

坂本龍馬と怒濤の時代――『司馬遼太郎が考えたこと 9』（二〇〇二年六月、新潮社）▼新潮文庫

勝海舟とカッテンディーケ――単行本は本文末に記載▼NHKブックス『「明治」という国家（下）』

競争の原理の作動――『司馬遼太郎が考えたこと 5』（二〇〇二年二月、新潮社）▼新潮文庫

吉田松陰、質屋の美学、防衛のこと――『歴史の中の日本』（一九七四年五月、中央公論社）▼中公文庫

トシさんが歩いている、「日本史と日本人」より――単行本は本文末に記載▼文春文庫

無名の人――『司馬遼太郎が考えたこと 8』（二〇〇二年五月、新潮社）▼新潮文庫

ペリー・ショック――『アメリカ素描』（一九八六年三月、読売新聞社）▼新潮文庫

幕末のこと、江戸幕府の体質、新選組――『歴史と小説』（一九六九年八月、河出書房新社）▼集英社文庫

天領と藩領――『この国のかたち 二』（一九九〇年九月、文藝春秋）▼文春文庫

ある会津人のこと――『余話として』（一九七五年十月、文藝春秋）▼文春文庫

左衛門尉の手紙日記――『司馬遼太郎が考えたこと 11』（二〇〇二年八月、新潮社）▼新潮文庫

竜馬の死――『竜馬がゆく 回天篇』（一九六六年八月、文藝春秋）▼文春文庫『竜馬がゆく 八』

人間の魅力――『この国のかたち 五』（一九九六年三月、文藝春秋）▼文春文庫

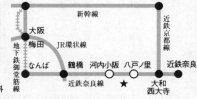

武士の娘 杉本鉞子 大岩美代訳

明治維新期に越後の家に生れ、厳格なしつけと礼儀作法を身につけた少女が開化期の息吹にふれて渡米、近代的女性となるまでの傑作自伝。

ハーメルンの笛吹き男 阿部謹也

「笛吹き男」伝説の裏に隠された謎はなにか? 十三世紀ヨーロッパの小さな村で起きた事件を手がかりに中世における「差別」を解明。（石牟礼道子）

隣のアボリジニ 上橋菜穂子

大自然の中で生きるイメージとは裏腹に、町で暮らすアボリジニもたくさんいる。そんな「隣人」アボリジニの素顔をいきいきと描く。（池上彰）

サンカの民と被差別の世界 五木寛之

歴史の基層に埋もれた、忘れられた日本を掘り起こす。漂泊に生きた海の民・山の民。身分制で賤民とされた人々。彼らが現在に問いかけるものとは。

世界史の誕生 岡田英弘

世界史はモンゴル帝国と共に始まった。東洋史と西洋史の垣根を超えた世界史を可能にした、中央ユーラシアの草原の民の活動。

日本史の誕生 岡田英弘

「倭国」から「日本国」へ。そこには中国大陸の大きな政治のうねりがあった。日本国の成立過程を東洋史の視点から捉え直す刺激的論考。

島津家の戦争 米窪明美

薩摩藩の私領・都城島津家に残された日誌を丹念に読み解き、幕末・明治の日本を動かした最強武士団の実像に迫る。薩摩から見たもう一つの日本史。

それからの海舟 半藤一利

江戸城明け渡しの大仕事以後も旧幕臣の生活を支え、徳川家の名誉回復を果たすため新旧相撃つ明治を生き抜いた勝海舟の後半生。（阿川弘之）

その後の慶喜 家近良樹

幕府瓦解から大正まで、若くして歴史の表舞台から姿を消した最後の将軍の〝長い余生〟を近しい人間の記録を元に明らかにする。（門井慶喜）

幕末維新のこと 司馬遼太郎 関川夏央編

「幕末」について司馬さんが考えて、書いて、語ったことの真髄を一冊に。小説以外の文章・対談・講演から、激動の時代をとらえた19篇を収録。

仁義なきキリスト教史　架神恭介

イエスの活動、パウロの伝道から、叙任権闘争、十字軍、宗教改革まで——。キリスト教二千年の歴史が果てなきやくざ抗争史として蘇る！（石川明人）

現代語訳 文明論之概略　福澤諭吉　齋藤孝訳

「文明」の本質と時代の課題を、鋭い知性で捉え、巧みな文体で説く。福澤諭吉の最高傑作にして近代日本を代表する重要著作が現代語でよみがえる。

鬼の研究　馬場あき子

かつて都大路に出没した鬼たち、彼らはほろんでしまったのだろうか。日本の歴史の暗部に生滅した〈鬼〉の情念を独自の視点で捉える。（谷川健一）

ギリシア神話　串田孫一

ゼウスやエロス、プシュケやアプロディテなど、人間くさい神々をめぐる複雑なドラマを、わかりやすく綴った若い人たちへの入門書。

橋本治と内田樹　橋本治　内田樹

不毛で窮屈な議論をほぐし直し、「よきもの」に変える成熟した知性が、あらゆることを語りつくす。伝説の対談集ついに文庫化！（鶴澤寛也）

9条どうでしょう　内田樹／小田嶋隆／平川克美／町山智浩

「改憲論議」の閉塞状態を打ち破るには、「虎の尾を踏むのを恐れない」言葉の力が必要である。四人の書き手によるユニークな洞察が満載の憲法論！

哲学の道場　中島義道

哲学は難解で危険なものだ。しかし、世の中にはこれを必要とする人たちがいる。——死の不条理への問いを中心に、哲学の神髄を伝える。（小浜逸郎）

哲学個人授業　鷲田清一　永江朗

哲学者のとぎすまされた言葉には、歌舞伎役者の切る「見得」にも似た魅力がある。哲学者23人の魅惑の言葉。文庫版では語り下ろし対談を追加。

夏目漱石を読む　吉本隆明

主題を追求する「暗い」漱石と愛される「国民作家」をつなぐ資質の問題とは？　平明で卓抜な漱石講義十二講。第2回小林秀雄賞受賞。（関川夏央）

ナショナリズム　浅羽通明

新近代国家日本は、いつ何のために、創られたのか。日本ナショナリズムの起源と諸相を十冊のテキストを手がかりとして網羅する。（斎藤哲也）

品切れの際はご容赦ください

誘拐 本田靖春

戦後最大の誘拐事件。残された被害者家族の絶望、犯人を生んだ貧困、刑事達の執念を描くノンフィクションの金字塔！（佐野眞一）

疵 本田靖春

戦後の渋谷を制覇したインテリヤクザ安藤組の大幹部、力道山よりも喧嘩が強いといわれた男……。伝説に彩られた男の実像を追う。（野村進）

宮本常一が見た日本 佐野眞一

戦前から高度経済成長期にかけて日本中を歩き、人々の生活を記録した民俗学者、宮本常一。そのまなざしと思想、行動を追う。（橋口譲二）

新 忘れられた日本人 佐野眞一

佐野眞一がその数十年におよぶ取材で出会った、無私の人、悪党、そして怪人たち。時代の波間に消えて行った忘れえぬ人々を描き出す。（後藤正治）

占領下日本（上・下） 半藤一利／竹内修司／保阪正康／松本健一

１９４５年からの７年間日本は「占領下」にあった。この時代を問うことは、戦後日本を問い直すことである。多様な観点と仮説から再検証する昭和史。

現人神の創作者たち（上・下） 山本七平

日本を破滅の戦争に引きずり込んだ呪縛の正体とは何か。幕府の正統性を証明しようとして、逆に「尊皇思想」が成立する過程を描く。（山本良樹）

東京の戦争 吉村昭

東京初空襲の米軍機に遭遇した話、寄席に通った話。少年の目に映った戦時下・戦後の庶民生活を活き活きと描く珠玉の回想記。（小林信彦）

ワケありな国境 武田知弘

メキシコ政府発行の「アメリカへ安全に密入国するための公式ガイド」があるってほんと!? 国境にまつわる60の話題で知る世界の今。

週刊誌風雲録 高橋呉郎

昭和中頃、部数争いにしのぎを削った編集者・トップ屋たちの群像。週刊誌が一番熱かった時代を貴重な証言とゴシップたっぷりで描く。（中田建夫）

増補版 ドキュメント 死刑囚 篠田博之

幼女連続殺害事件の宮崎勤、奈良女児殺害事件の小林薫、附属池田小事件の宅間守、土浦無差別殺傷事件の金川真大……モンスターたちの素顔にせまる。

田中清玄自伝　田中清玄　大須賀瑞夫

戦前は武装共産党の指導者、戦後は国際石油戦争に関わるなど、激動の昭和を侍の末裔として多彩な人脈を操りながら駆け抜けた男の「夢と真実」。

権力の館を歩く　御厨貴

歴代首相や有力政治家の私邸、首相官邸、官庁、政党本部ビルなどを訪ね歩き、その建築空間を分析。権力者たちの素顔と、建物に秘められた真実に迫る。

タクシードライバー日誌　梁《ヤン》石日《ソギル》

座席でとんでもないことをする客、変な女、突然の大事故。仲間たちと客たちを通して現代の縮図を描く異色ドキュメント。（崔洋一）

新版 女興行師 吉本せい　矢野誠一

大正以降、大阪演芸界を席巻した名プロデューサーにして吉本興業の創立者。NHK朝ドラ『わろてんか』のモデルとなった吉本せいの生涯を描く。

ぼくの東京全集　小沢信男

小説、紀行文、エッセイ、評伝、俳句……作家は、その町を一途に書いてきた。『東京骨灰紀行』など65年間の作品から選んだ集大成の一冊。（池内紀）

吉原はこんな所でございました　福田利子

三歳で吉原・松葉屋の養女になった少女の半生を通して語られる、遊廓「吉原」の情緒と華やぎ、そして盛衰の記録。（阿木翁助　猿若清三郎）

ちろりん村顛末記　広岡敬一

トルコ風呂と呼ばれていた特殊浴場を描く伝説のノンフィクション。働く男女の素顔と人生、営業システム、歴史などを記した貴重な記録。（本橋信宏）

ぐろぐろ　松沢呉一

不快とは、下品とは、タブーとは。非常識って何だ。公序良俗を叫び他人の自由を奪う偽善者どもに〝闘うエロライター〟が鉄槌を下す。

独特老人　後藤繁雄編著

埴谷雄高、山田風太郎、中村真一郎、淀川長治、水木しげる、吉本隆明、鶴見俊輔……独特の個性を放つ思想家28人の貴重なインタビュー集。

呑めば、都　マイク・モラスキー

赤羽、立石、西荻窪……ハシゴ酒から見えてくるのは、その街の歴史。古きよき居酒屋を通して戦後東京の変遷に思いを馳せた、情熱あふれる体験記。

吉行淳之介ベスト・エッセイ　吉行淳之介　荻原魚雷編

創作の秘密から、ダンディズムの条件まで。「文学」「男と女」「紳士」「人物」のテーマごとに厳選した、吉行淳之介の入門書にして決定版。（大竹聡）

田中小実昌ベスト・エッセイ　田中小実昌　大庭萱朗編

東大哲学科を中退し、バーテン、香具師などを転々とし、飄々とした作風とミステリー翻訳で知られるコミさんの厳選されたエッセイ集。（片岡義男）

山口瞳ベスト・エッセイ　小玉武編

サラリーマン処世術から飲食、幸福と死まで。――幅広い話題の中に普遍的な人間観察眼が光る山口瞳の豊饒なエッセイ世界を一冊に凝縮した決定版。

色川武大・阿佐田哲也ベスト・エッセイ　色川武大／阿佐田哲也　大庭萱朗編

二つの名前を持つ作家のベスト。文学論、落語からタモリまでの芸能論、ジャズ、作家たちとの交流も。もちろん阿佐田哲也名の博打論も収録。（木村紅美）

開高健ベスト・エッセイ　開高健　小玉武編

文学から食、ヴェトナム戦争まで――おそるべき博覧強記と行動力。「生きて、書いて、ぶつかった」開高健の広大な世界を凝縮したエッセイを精選。

中島らもエッセイ・コレクション　中島らも　小堀純編

小説家、戯曲家、ミュージシャンなど幅広い活躍で没後なお人気の中島らもの魅力を凝縮！　酒と文学とエンターテインメント。（いとうせいこう）

文房具56話　串田孫一

使う者の心をときめかせる文房具。どうすればこの小さな道具が創造力の源泉になりうるのか。文房具の想い出や新たな発見、工夫や悦びを語る。

ぼくは散歩と雑学がすき　植草甚一

1970年、遠かったアメリカ。その風俗、映画、本、音楽から政治までをフレッシュな感性と膨大な知識、貪欲な好奇心で描き出す代表エッセイ集。

快楽としてのミステリー　丸谷才一

ホームズ、007、マーロウ――探偵小説を愛読して半世紀、その楽しみを文芸批評とゴシップを駆使して自在に語る、文庫オリジナル。（三浦雅士）

超発明　真鍋博

昭和を代表する天才イラストレーターが、唯一無二のSF的想像力と未来的発想で〝夢のような発明品〟129例を描き出す幻の作品集。（川田十夢）

ねぼけ人生〈新装版〉 水木しげる

戦争で片腕を喪失、紙芝居・貸本漫画の時代と、波瀾万丈の人生を、楽天的に生きぬいてきた水木しげるの、面白くも哀しい半生記。（呉智英）

「下り坂」繁盛記 嵐山光三郎

人の一生は、「下り坂」をどう楽しむかにかかっている。真の喜びや快感は「下り坂」にあるのだ。あちこちにガタがきても、愉快な毎日が待っている。

向田邦子との二十年 久世光彦

あの人は、あり過ぎるくらいあった始末におえない胸の中のものを誰にだって、一言も口にしない人だった。時を共有した二人の世界。（新井信）

旅に出る ゴトゴト揺られて本と酒 椎名誠

旅の読書は、漂流モノと無人島モノと一点こだわりガンコ本！　本と旅とそれから派生していく自由な思いのつまったエッセイ集。（竹田聡一郎）

昭和三十年代の匂い 岡崎武志

テレビ購入、不二家、空地に土管、トロリーバス、くみとり便所、少年時代の昭和三十年代の記憶をたどる。巻末に岡田斗司夫氏との対談を収録。

本と怠け者 荻原魚雷

日々の暮らしと古本を語り、古書に独特の輝きを与えた「ちくま」好評連載「魚雷の眼」を、一冊にまとめた文庫オリジナルエッセイ集。（岡崎武志）

増補版 誤植読本 高橋輝次編著

本と誤植は切っても切れない!?　恥ずかしい打ち明け話や、校正をめぐるあれこれなど、作家たちが本音を語り出す。作品42篇収録。（堀江敏幸）

わたしの小さな古本屋 田中美穂

会社を辞めた日、古本屋になることを決めた。倉敷の空気、古書がつなぐ人の縁、店の生きものたち……。女性店主が綴る蟲文庫の日々。（早川義夫）

ぼくは本屋のおやじさん 早川義夫

22年間の書店としての苦労と、お客さんとの交流。どこにもありそうで、ない書店。30年来のロングセラー！（大槻ケンヂ）

たましいの場所 早川義夫

「恋をしていいのだ。今を歌っていくのだ」。心を揺るがす本質的な言葉。文庫用に最終章を追加。帯文＝宮藤官九郎　オマージュエッセイ＝七尾旅人

品切れの際はご容赦ください

私の幸福論　福田恆存

この世は不平等だ。何と言おうと！　しかしあなたは幸福にならなければ……。平易な言葉で生きることの意味を説く刺激的な書。（中野翠）

生きるかなしみ　山田太一編

人は誰でも心の底に、様々なかなしみを抱きながら生きている。「生きるかなしみ」と真摯に直面し、人生の幅と厚みを増した先人達の諸相を読む。

老いの生きかた　鶴見俊輔編

限られた時間の中で、いかに充実した人生を過ごすかを探る十八篇の名文。来るべき日にむけて考えるヒントになるエッセイ集。

人生の教科書［よのなかのルール］　藤原和博　宮台真司

〝バカを伝染(うつ)さない〟ための「成熟社会へのパスポート」です。大人と子ども、お金と仕事、男と女と自殺のルールを考える。（重松清）

14歳からの社会学　宮台真司

「社会を分析する専門家」である著者が、社会の「本当のこと」を伝え、いかに生きるべきか、に正面から答えた。重松清、大道珠貴との対談を新たに付す。

逃走論　浅田彰

パラノ人間からスキゾ人間へ、住む文明から逃げる文明への大転換の中で、軽やかに〈知〉と戯れるためのマニュアル。

学校って何だろう　苅谷剛彦

「なぜ勉強しなければいけないの？」「校則って必要なの？」等、これまでの常識を問いなおし、学ぶ意味を再び摑むための基本図書。（小山内美江子）

生き延びるためのラカン　斎藤環

幻想と現実が接近しているこの世界で、できるだけリアルに生き延びるためのラカン解説書にして精神分析入門書。カバー絵・荒木飛呂彦（中島義道）

反社会学講座　パオロ・マッツァリーノ

恣意的なデータを使用し、権威的な発想で人に説教する困った学問「社会学」の暴走をエンターテイメントな議論で撃つ！　真の啓蒙は笑いから。

「社会を変える」を仕事にする　駒崎弘樹

元ITベンチャー経営者が東京の下町で始めた「病児保育サービス」が全国に拡大。「地域を変える」が「世の中を変える」につながった。

半農半Xという生き方【決定版】 塩見直紀

農業をやりつつ好きなことをする「半農半X」を提唱した画期的な本。就職以外の生き方、転職、移住後の生き方として。帯文＝藻谷浩介　（山崎亮）

レトリックと詭弁 香西秀信

「沈黙を強いる問い」「論点のすり替え」など、議論に仕掛けられた巧妙な罠に陥ることなく、詐術に打ち勝つ方法を伝授する。

人生を〈半分〉降りる 中島義道

哲学的に生きるには〈半隠遁〉というスタイルを貫くしかない。「清貧」とは異なるその意味と方法を、自身の体験を素材に解き明かす。　（中野翠）

ひとはなぜ服を着るのか 鷲田清一

ファッションやモードを素材として、アイデンティティや自分らしさの問題を現象学的視線で分析する。「鷲田ファッション学」のスタンダード・テキスト。

ひきこもりはなぜ「治る」のか？ 斎藤環

「ひきこもり」研究の第一人者の著者が、ラカン、コフート等の精神分析理論でひきこもる人の精神病理を読み解き、家族の対応法を解説する。（井出草平）

パーソナリティ障害がわかる本 岡田尊司

性格は変えられる。「パーソナリティ障害」を「個性」に変えるために、本人や周囲の人がどう対応し、どう工夫したらよいかがわかる。　（山登敬之）

子は親を救うために「心の病」になる 高橋和巳

子は親が好きだからこそ「心の病」になり、親を救おうとしている。精神科医である著者が説く、親子という「生きづらさ」の原点とその解決法。

減速して自由に生きる 髙坂勝

自分の時間もなく働く人生よりも自分の店を持ち人と交流したいと開店。具体的なコツと、独立した生き方。一章分加筆。帯文＝村上龍　（山田玲司）

花の命はノー・フューチャー ブレイディみかこ

移民、パンク、LGBT、貧困層。地べたから見た英国社会をスカッとした笑いとともに描く。200頁分の大幅増補！　帯文＝佐藤亜紀　（栗原康）

ライフワークの思想 外山滋比古

自分だけの時間を作ることは一番の精神的肥料になる、前進だけが人生ではない――。時間を生かして、ライフワークの花を咲かせる貴重な提案。

品切れの際はご容赦ください

宮沢賢治全集（全10巻）　宮沢賢治

『春と修羅』、『注文の多い料理店』はじめ、賢治の全作品及び異稿を、綿密な校訂と定評ある本文によって贈る話題の文庫版全集。書簡など2巻増巻。

太宰治全集（全10巻）　太宰治

第一創作集『晩年』から太宰文学の総結算ともいえる『人間失格』、さらに『もの思う葦』ほか随想集も含め、清新な装幀でおくる待望の文庫版全集。

夏目漱石全集（全10巻）　夏目漱石

時間を超えて読みつがれる最大の国民文学を、10冊に集成して贈る画期的な文庫版全集。全小説及び小品、評論に詳細な注・解説を付す。

芥川龍之介全集（全8巻）　芥川龍之介

確かな不安を漠然とした希望の中に生きた芥川の全貌。名手の名をほしいままにした短篇から、日記、随筆、紀行文までを収める。

梶井基次郎全集（全1巻）　梶井基次郎

「檸檬」「泥濘」「桜の樹の下には」「交尾」をはじめ、習作・遺稿を全て収録し、梶井文学の全貌を伝える。一巻に収めた初の文庫版全集。（高橋英夫）

中島敦全集（全3巻）　中島敦

昭和十七年、一筋の光のように登場し、二冊の作品集を残してまたたく間に逝った中島敦――その代表作から書簡までを収め、詳細小口注を付す。

山田風太郎明治小説全集（全14巻）　山田風太郎

これは事実なのか？　フィクションか？　歴史上の人物と虚構の人物が明治の東京を舞台に繰り広げる奇想天外な物語。かつ新時代の裏面史。

ちくま日本文学（全40巻）　ちくま日本文学

小さな文庫の中にひとりひとりの作家の宇宙がつまっている。一人一巻、全四十巻。何度読んでも古びない作品と出逢う、手のひらサイズの文学全集。

ちくま文学の森（全10巻）　ちくま文学の森

最良の選者たちが、古今東西を問わず、あらゆるジャンルの作品の中から面白いものだけを基準に選んだ、伝説のアンソロジー、文庫版。

ちくま哲学の森（全8巻）　ちくま哲学の森

「哲学」の狭いワク組みにとらわれることなく、あらゆるジャンルの中からとっておきの文章を厳選。新鮮な驚きに満ちた文庫版アンソロジー集。

現代語訳 **舞姫** 森鷗外 井上靖訳

古典となりつつある鷗外の名作を井上靖の現代語訳で読む。無理なく作品を味わうための語注・資料を付す。原文も掲載。監修＝山崎一穎

こころ 夏目漱石

友を死に追いやった「罪の意識」によって、ついには人間不信にいたる悲惨な心の暗部を描いた傑作。詳しく利用しやすい語注付。（小森陽一）

英語で読む **銀河鉄道の夜**（対訳版） 宮沢賢治 ロジャー・パルバース訳

“Night On The Milky Way Train”（銀河鉄道の夜）賢治文学の名篇が香り高い訳で生まれかわる。文庫オリジナル。井上ひさし氏推薦。（高橋康也）

百人一首 鈴木日出男

王朝和歌の精髄、百人一首を第一人者が易しく解説。現代語訳、鑑賞、作者紹介、語句・技法を見開きにコンパクトにまとめた最良の入門書。

今昔物語 福永武彦訳

平安末期に成り、庶民の喜びと悲しみを今に伝える今昔物語。訳者自身が選んだ155篇の物語は名訳を得て、より身近に蘇る。（池上洵一）

私の「漱石」と「龍之介」 内田百閒

師・漱石を敬愛してやまない百閒が、おりにふれて綴った師の行動と面影とエピソード。さらに同門の友、芥川との交遊を収める。（武藤康史）

阿房列車 ――内田百閒集成1 内田百閒

「なんにも用事がないけれど、汽車に乗って大阪へ行って来ようと思う」。上質のユーモアに包まれた、紀行文学の傑作。（和田忠彦）

教科書で読む名作 **夏の花**ほか **戦争文学** 原民喜ほか

表題作のほか、審判（武田泰淳）／夏の葬列（山川方夫）／夜（三木卓）など収録。高校国語教科書に準じた傍注や図版付き。併せて読みたい名評論も。

名短篇、ここにあり 北村薫 宮部みゆき編

読み巧者の二人の議論沸騰し、選びぬかれたお薦め小説12篇。となりの宇宙人／冷たい仕事／隠し芸の男／少女架刑／あしたの夕刊／網／誤訳ほか。

猫の文学館Ⅰ 和田博文編

寺田寅彦、内田百閒、太宰治、向田邦子……いつの時代も、作家たちは猫が大好きだった。猫の気まぐれに振り回されている猫好きに捧げる47篇!!

整体入門　野口晴哉

日本の東洋医学を代表する著者による初心者向け野口整体のポイント。体の偏りを正す基本の「活元運動」から目的別の運動まで。（伊藤桂一）

風邪の効用　野口晴哉

風邪は自然の健康法である。風邪をうまく経過すれば体の偏りを修復できる。風邪を通して人間の心と体を見つめた、著者代表作。（伊藤桂一）

体癖　野口晴哉

整体の基礎的な体の見方、「体癖」とは？　人間の体をその構造や感受性の方向によって、12種類に分ける。それぞれの個性を活かす方法とは？（加藤尚宏）

整体から見る気と身体　片山洋次郎

「整体」は体の歪みの矯正ではなく、歪みを活かしてのびのびした体にする。老いや病はプラスにもなる。滔々と流れる生命観。よしもとばなな氏絶賛！

東洋医学セルフケア365日　長谷川浄潤

風邪、肩凝り、腹痛など体の不調を自分でケアできる方法満載。整体、ヨガ、自然療法等に基づく呼吸法、運動等で心身が変わる。索引付。必携！

身体能力を高める「和の所作」　安田登

なぜ能楽師は80歳になっても颯爽と舞うことができるのか？　「すり足」「新聞パンチ」等のワークで大腰筋を鍛え集中力をつける。（内田樹）

はじめての気功　天野泰司

気功をすると、心と体のゆとりができる。何かがふっと楽になる。のびのびとした活動で自ら健康を創る、はじめての人のための気功入門。（鎌田東二）

居ごこちのよい旅　松浦弥太郎　若木信吾写真

マンハッタン、ヒロ、バークレー、台北……匂いや気配で道を探し、自分だけの地図を描くように歩いてみよう。12の街への旅エッセイ。（若木信吾）

わたしが輝くオージャスの秘密　服部みれい　蓮村誠監修

インドの健康法アーユルヴェーダでオージャスとは生命エネルギーのこと。オージャスを増やして元気で魅力的な自分になろう。モテる！　願いが叶う！

あたらしい自分になる本　増補版　服部みれい

著者の代表作。心と体が生まれ変わる知恵の数々。文庫化にあたり新たな知恵を追加。冷えとり、アーユルヴェーダ、ホ・オポノポノetc.（辛酸なめ子）

幕末《ばくまつ》維新《いしん》のこと
幕末《ばくまつ》・明治論《めいじろん》コレクション

二〇一五年三月 十 日 第一刷発行
二〇一八年九月二十五日 第三刷発行

著 者 司馬遼太郎（しば・りょうたろう）
編 者 関川夏央（せきかわ・なつお）
発行者 喜入冬子
発行所 株式会社 筑摩書房
東京都台東区蔵前二―五―三 〒一一一―八七五五
電話番号 〇三―五六八七―二六〇一（代表）
装幀者 安野光雅
印刷所 三松堂印刷株式会社
製本所 三松堂印刷株式会社

ISBN978-4-480-43256-8 C0121

ちくま文庫